Build It!

Make Supercool Models with Your Favorite LEGO® Parts

RACE CARS

Jennifer Kemmeter

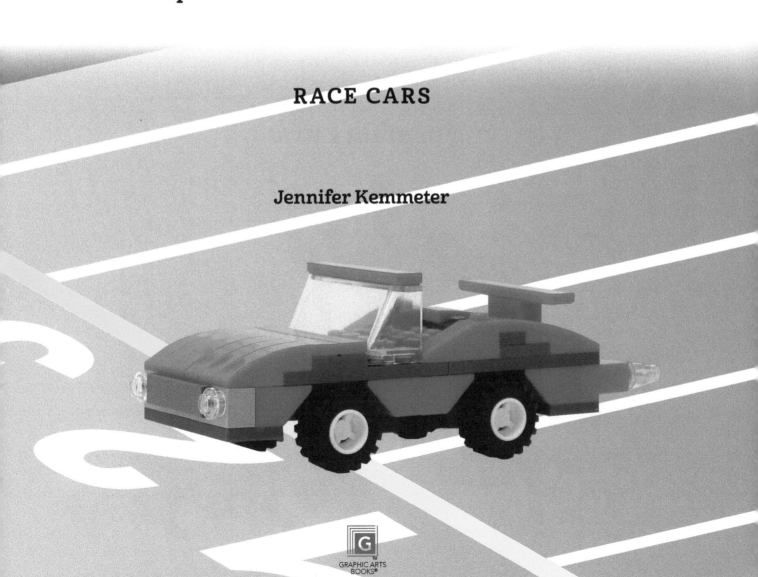

G

GRAPHIC ARTS
BOOKS®

Contents

Stock Cars

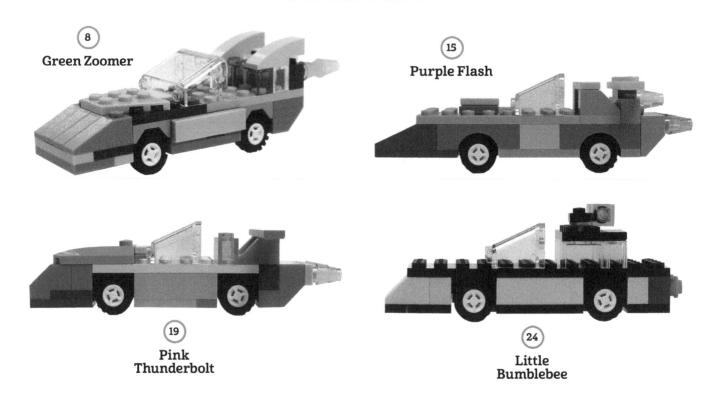

Formula Cars

Dragsters

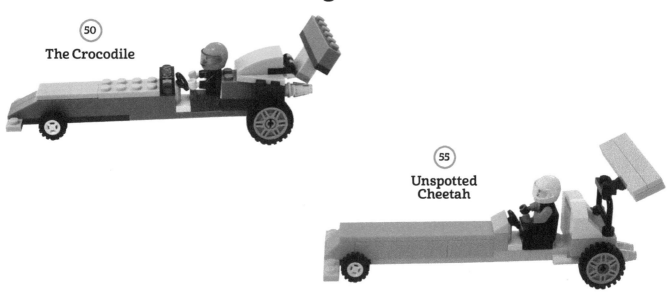

50
The Crocodile

55
Unspotted
Cheetah

Sports Cars

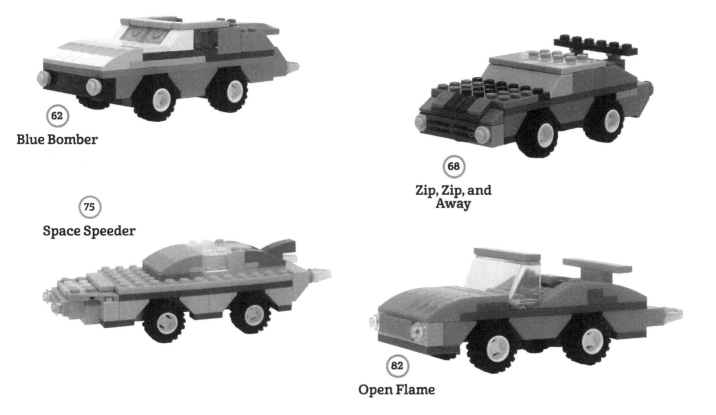

62
Blue Bomber

68
Zip, Zip, and
Away

75
Space Speeder

82
Open Flame

How to Use This Book

A photo of what your finished Unspotted Cheetah will look like.

What you will be building.

Build Unspotted Cheetah

An illustration of the finished Unspotted Cheetah that looks like the pictures in the steps.

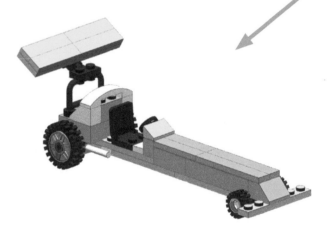

All the pieces you will need to build the model are listed at the beginning of each of the instructions.

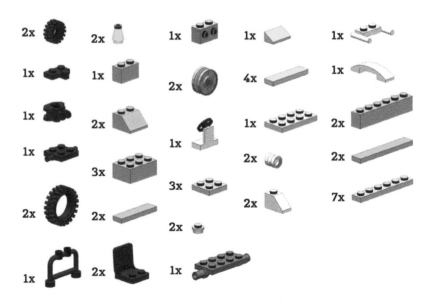

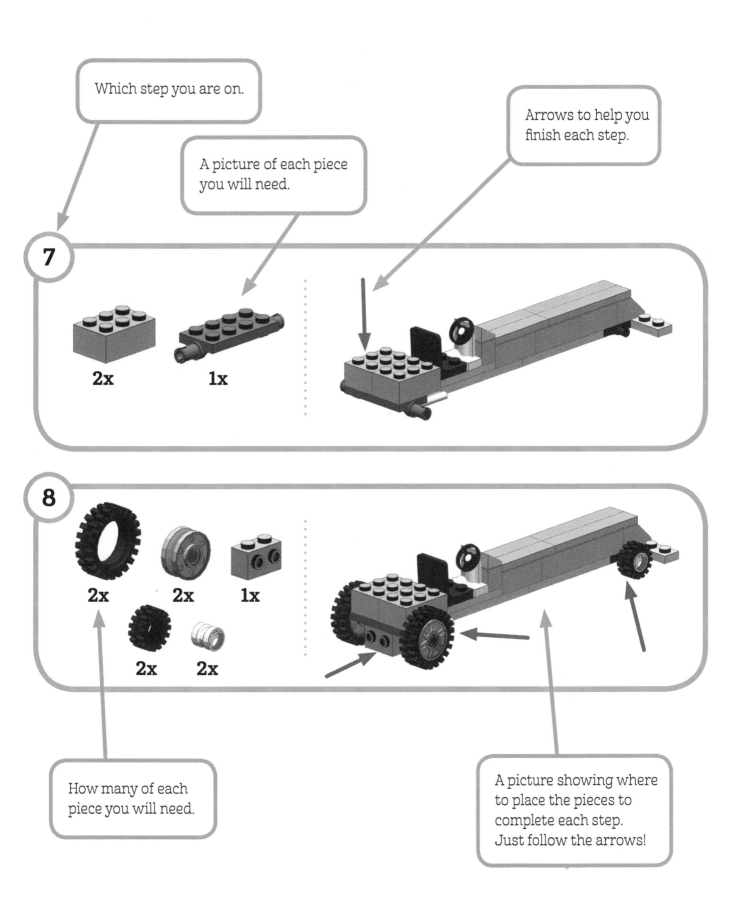

Which step you are on.

A picture of each piece you will need.

Arrows to help you finish each step.

7

2x   1x

8

2x   2x   1x

2x   2x

How many of each piece you will need.

A picture showing where to place the pieces to complete each step. Just follow the arrows!

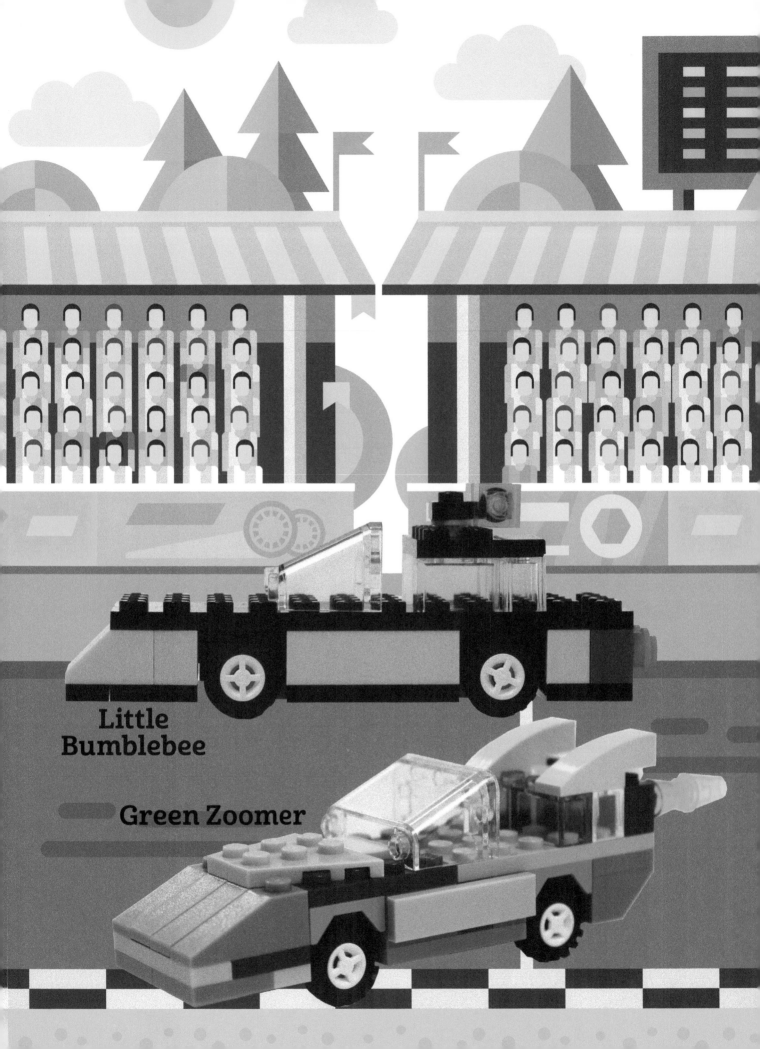

Little
Bumblebee

Green Zoomer

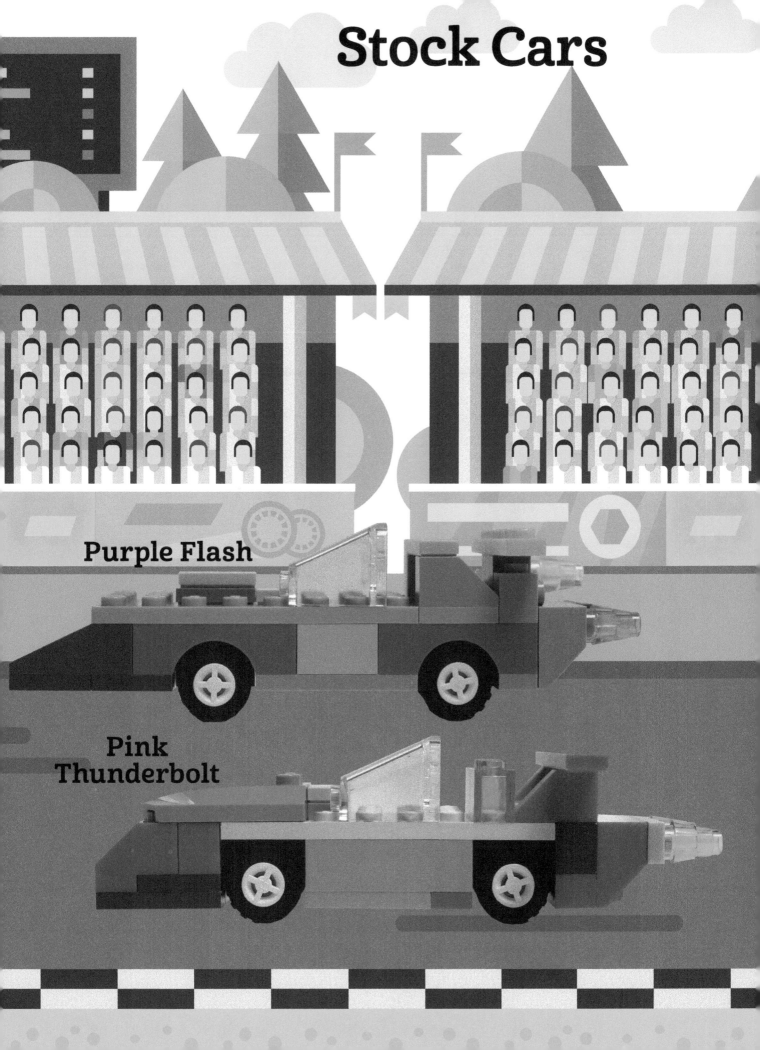

Stock Cars

Purple Flash

Pink Thunderbolt

Build Green Zoomer

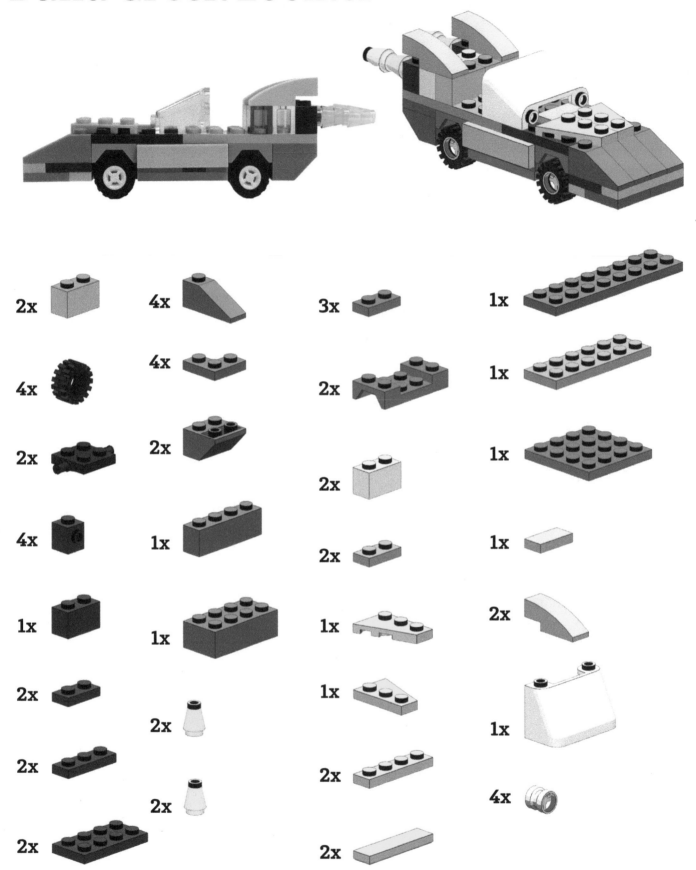

2x
4x
3x
1x

4x
4x
2x
1x

2x
2x
2x
1x

4x
1x
2x
1x

1x
1x
1x
2x

2x
1x

2x
2x
2x
1x

2x
2x
4x

2x
2x

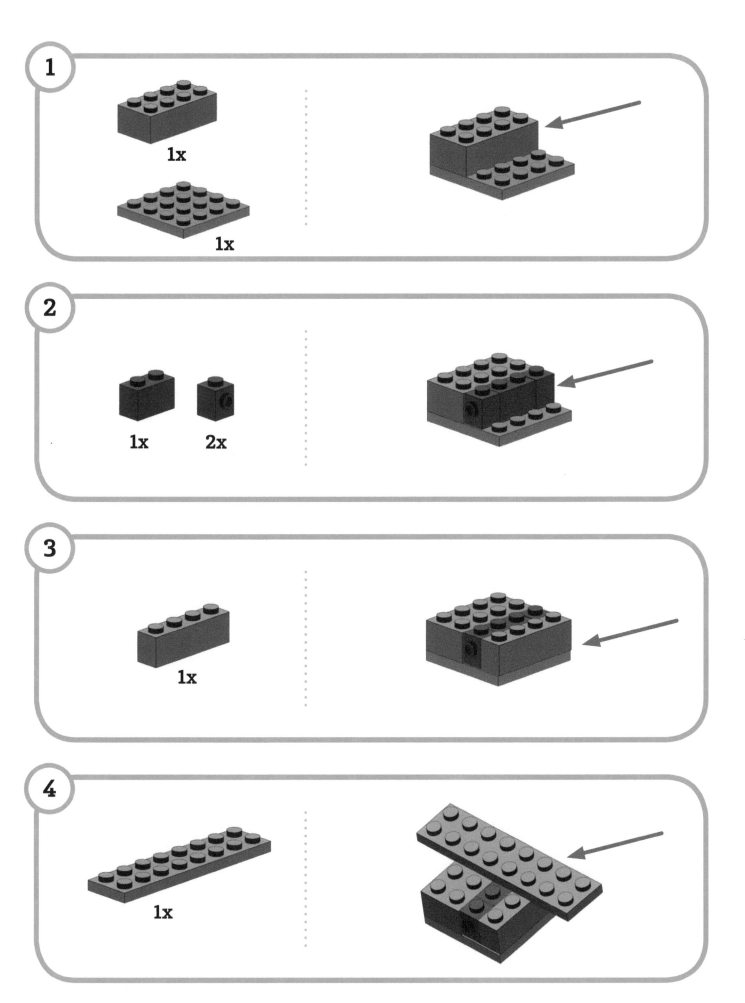

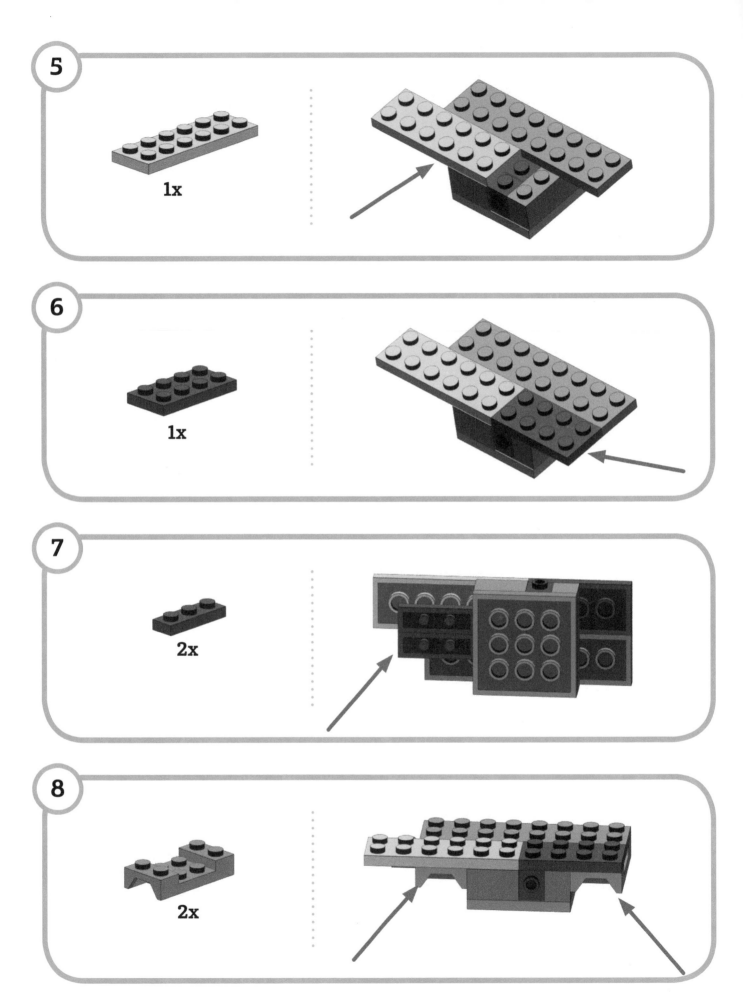

5 1x

6 1x

7 2x

8 2x

9

1x

1x

1x

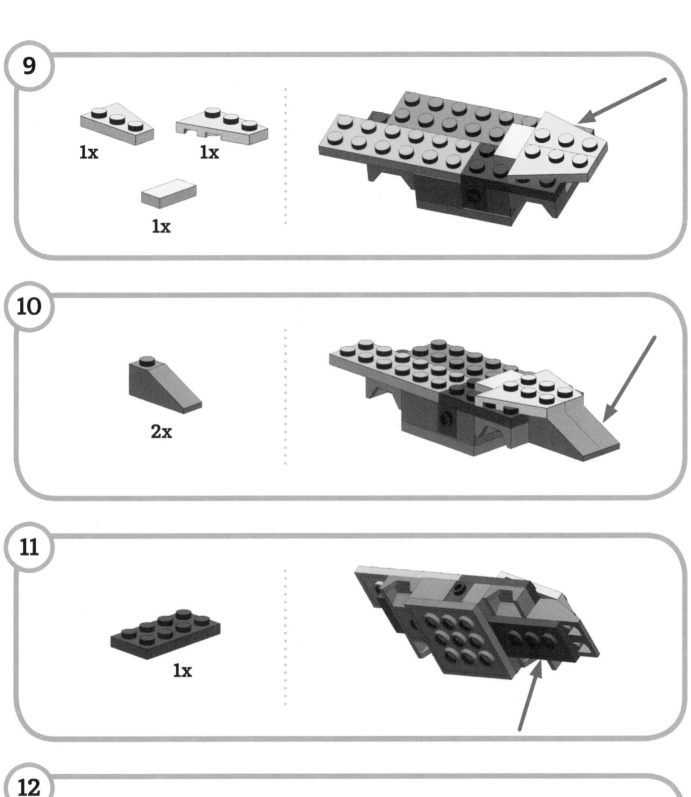

10

2x

11

1x

12

2x   1x

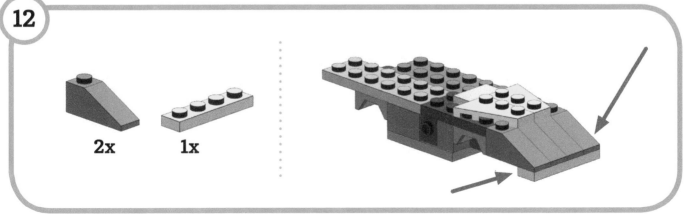

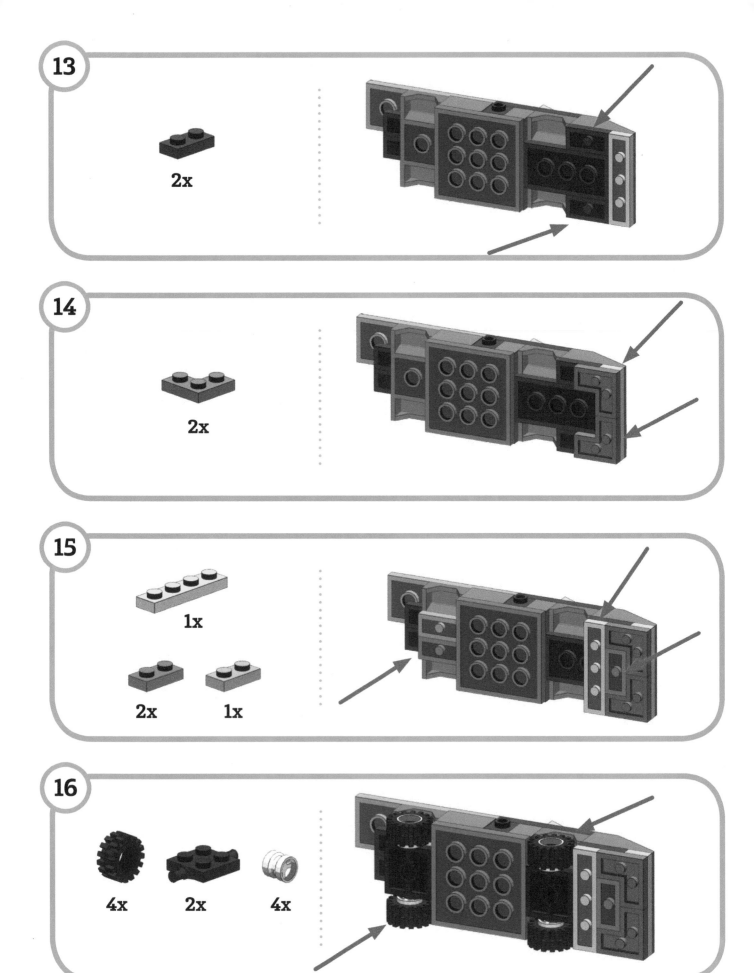

13

2x

14

2x

15

1x

2x

1x

16

4x

2x

4x

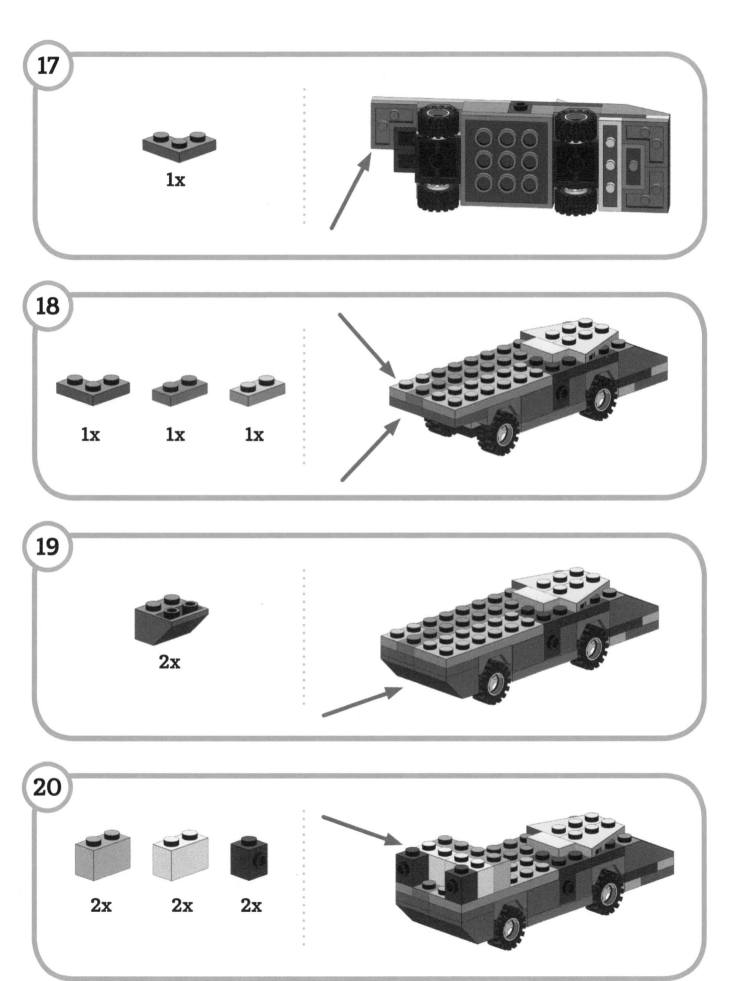

17

1x

18

1x   1x   1x

19

2x

20

2x   2x   2x

21

2x

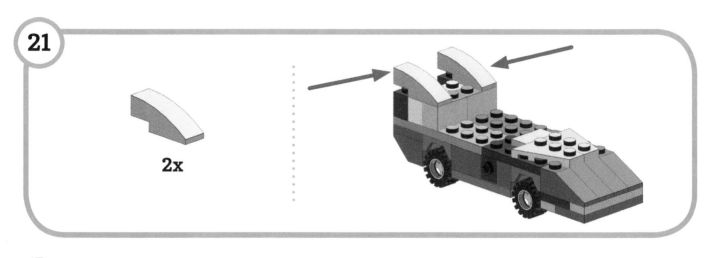

22

1x 2x 2x

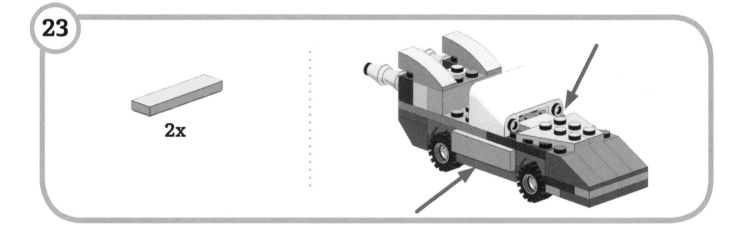

23

2x

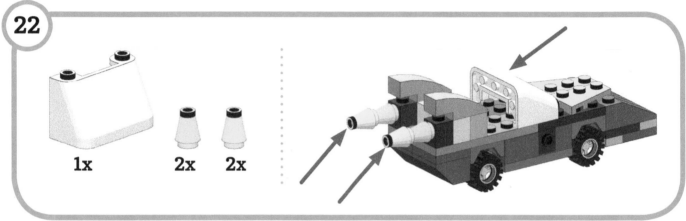

Build Purple Flash

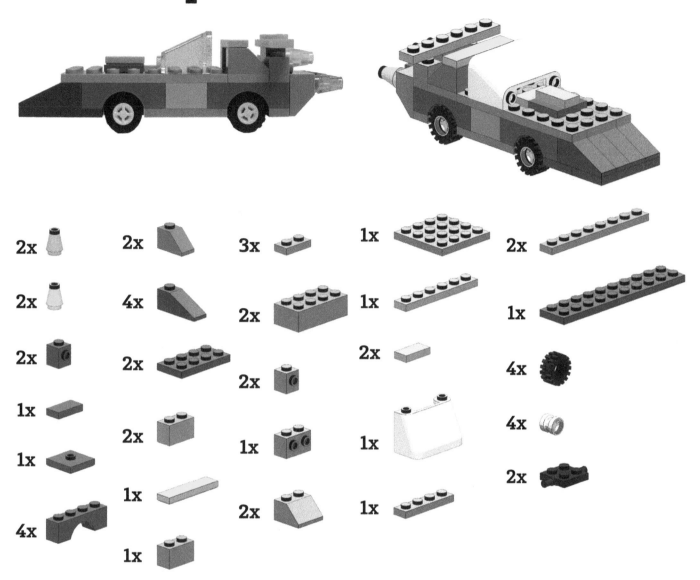

2x   2x   3x   1x   2x

2x   4x   2x   1x   1x

2x   2x   2x   2x   4x

1x   2x   1x   1x   4x

1x   1x   2x

4x   1x   2x   1x

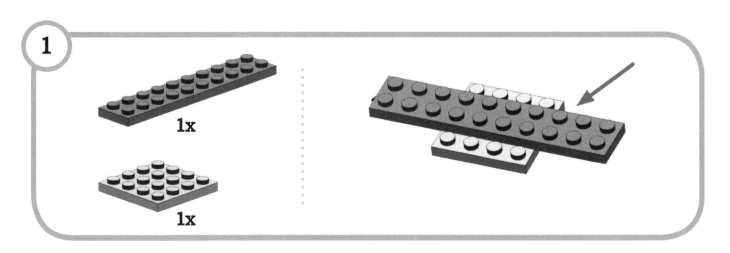

1

1x

1x

15

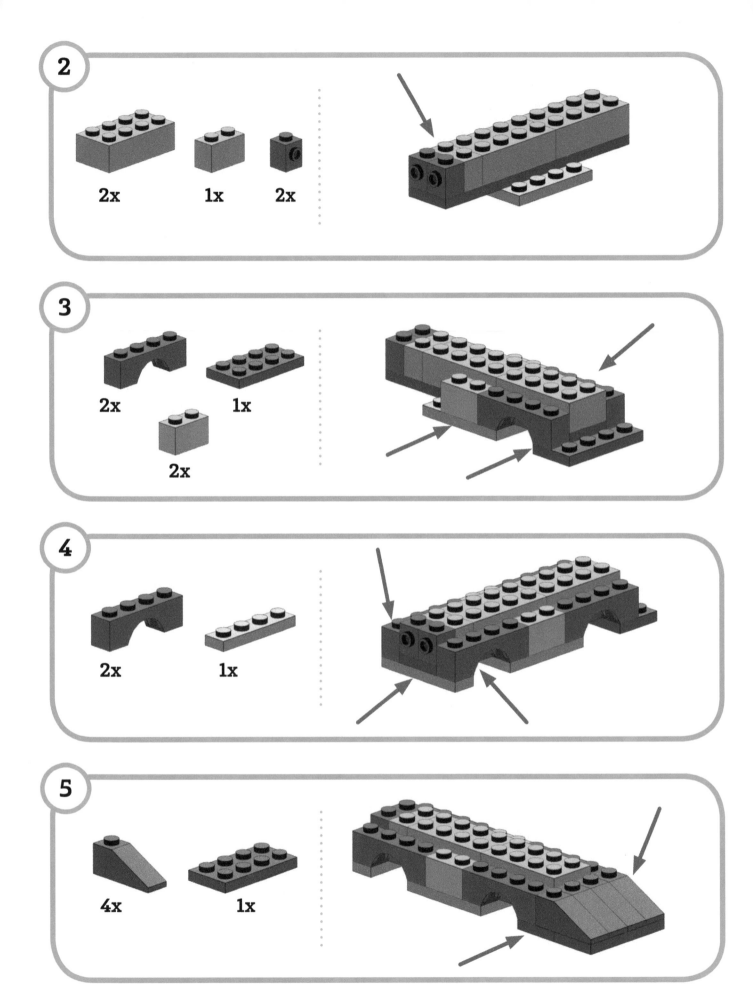

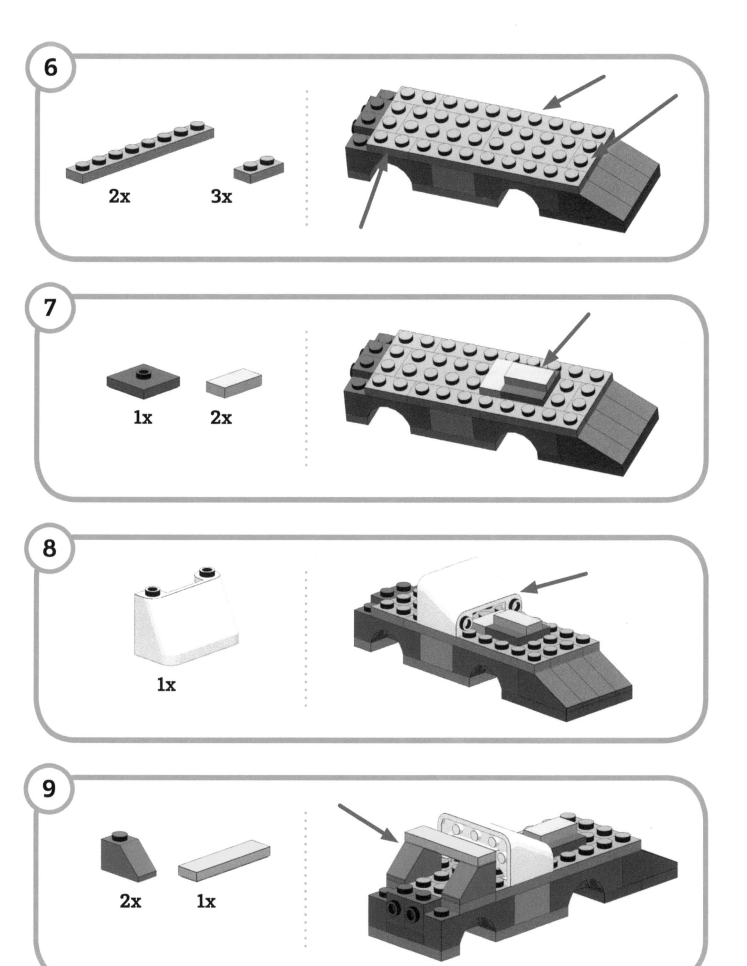

6

2x 3x

7

1x 2x

8

1x

9

2x 1x

10

1x

1x   2x

11

2x

12

2x   1x   2x

13

4x   2x   4x

Build Pink Thunderbolt

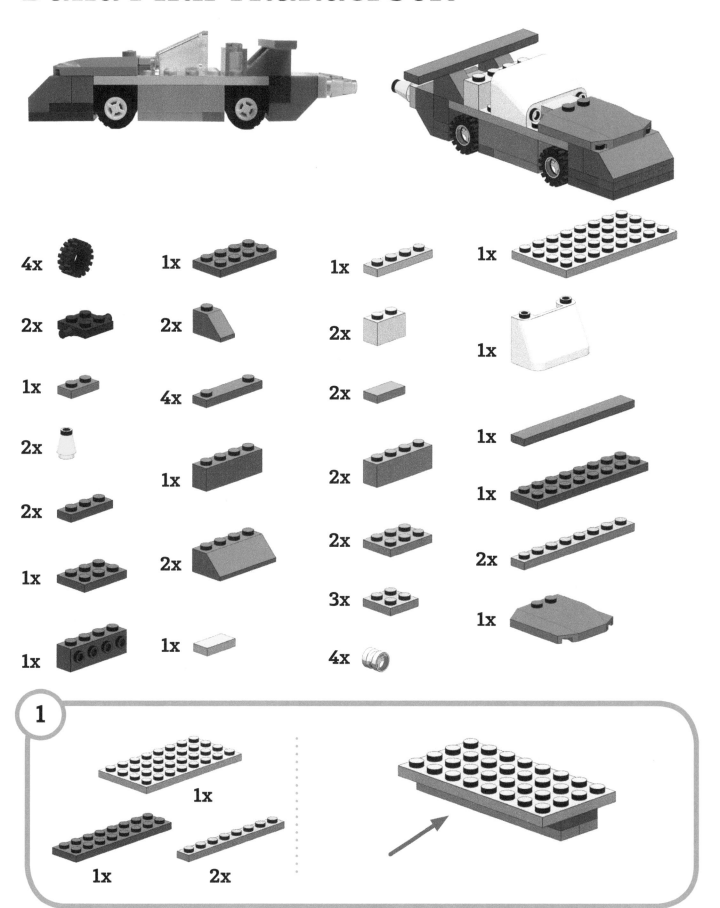

4x

1x

1x

1x

2x

2x

2x

1x

1x

1x

2x

4x

2x

1x

2x

2x

2x

2x

1x

1x

1x

2x

1x

2x

3x

1x

1x

1x

4x

1

1x

1x   2x

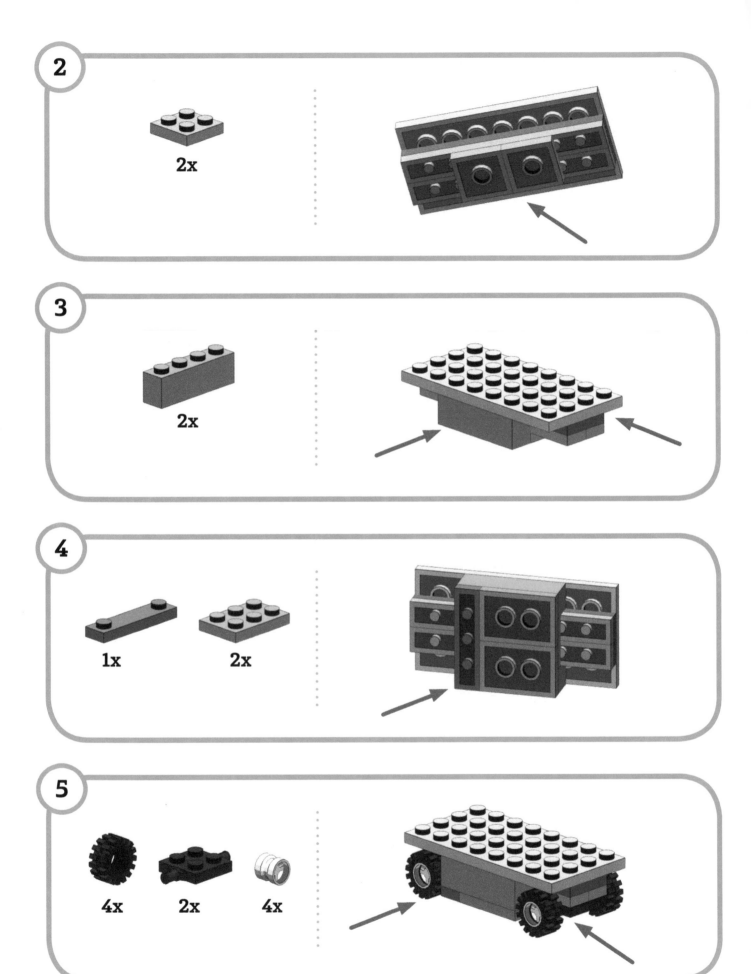

2

2x

3

2x

4

1x   2x

5

4x   2x   4x

6

1x 1x

7

1x 1x

8

1x 1x

9

1x 1x

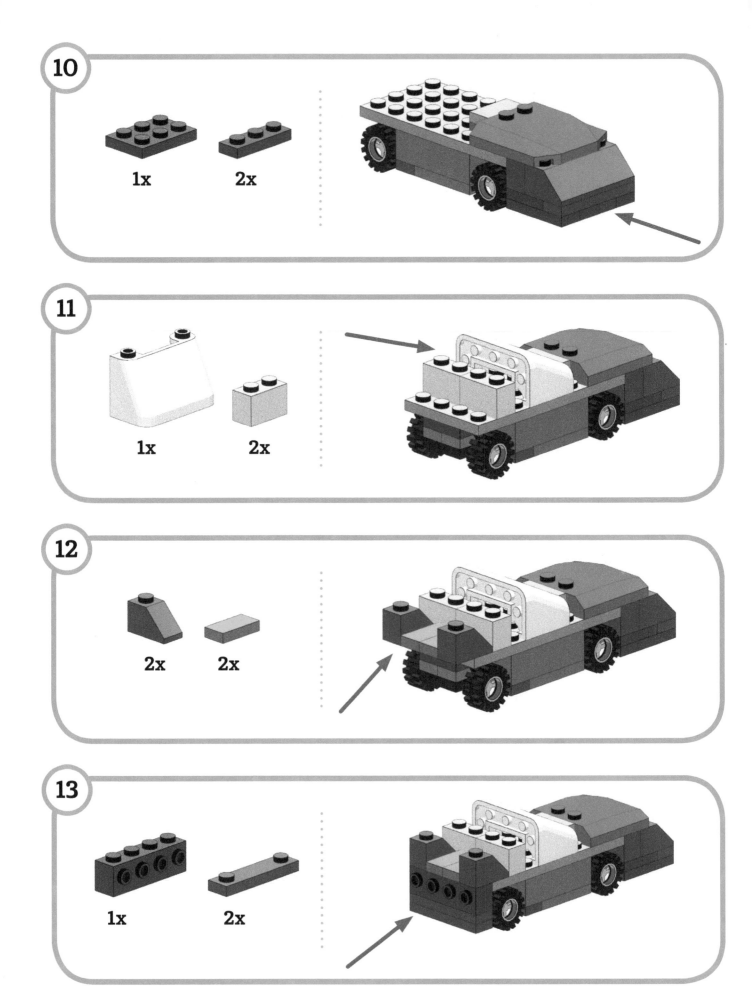

10   1x   2x

11   1x   2x

12   2x   2x

13   1x   2x

14

1x

1x

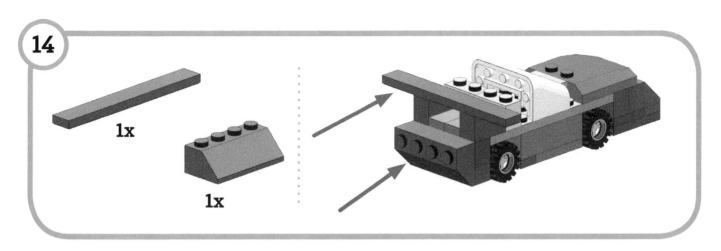

15

1x

2x

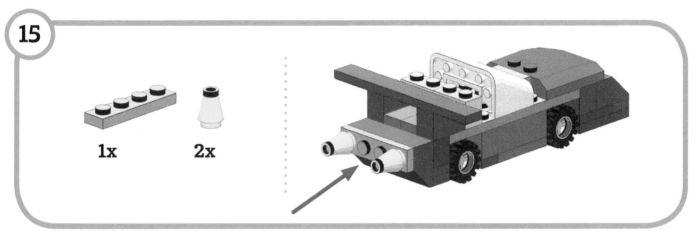

Build Little Bumblebee

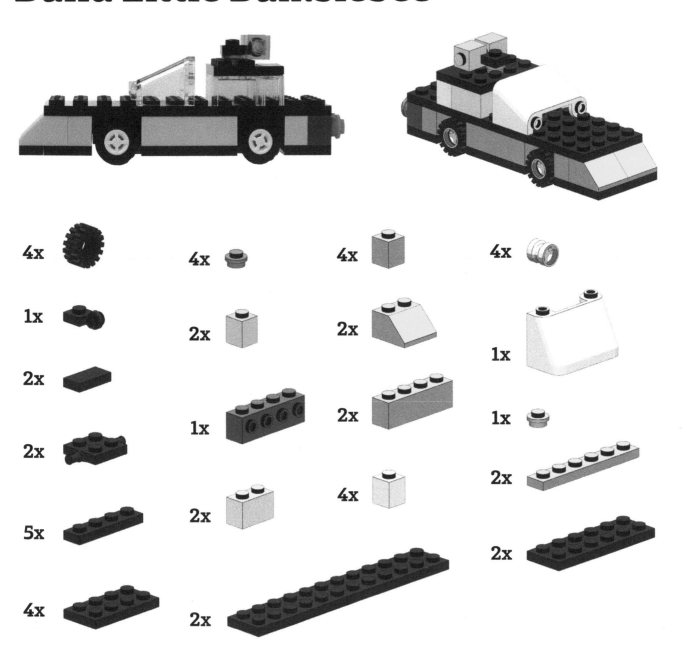

4x · 1x · 2x · 2x · 5x · 4x

4x · 2x · 1x · 2x · 2x

4x · 2x · 2x · 4x

4x · 1x · 1x · 2x · 2x

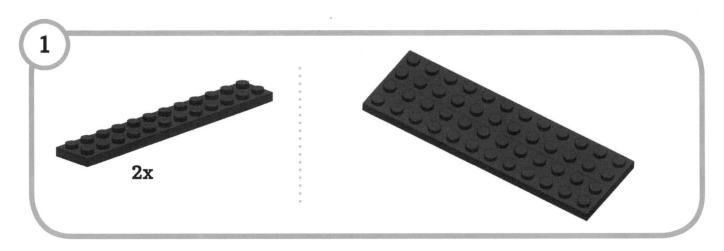

1

2x

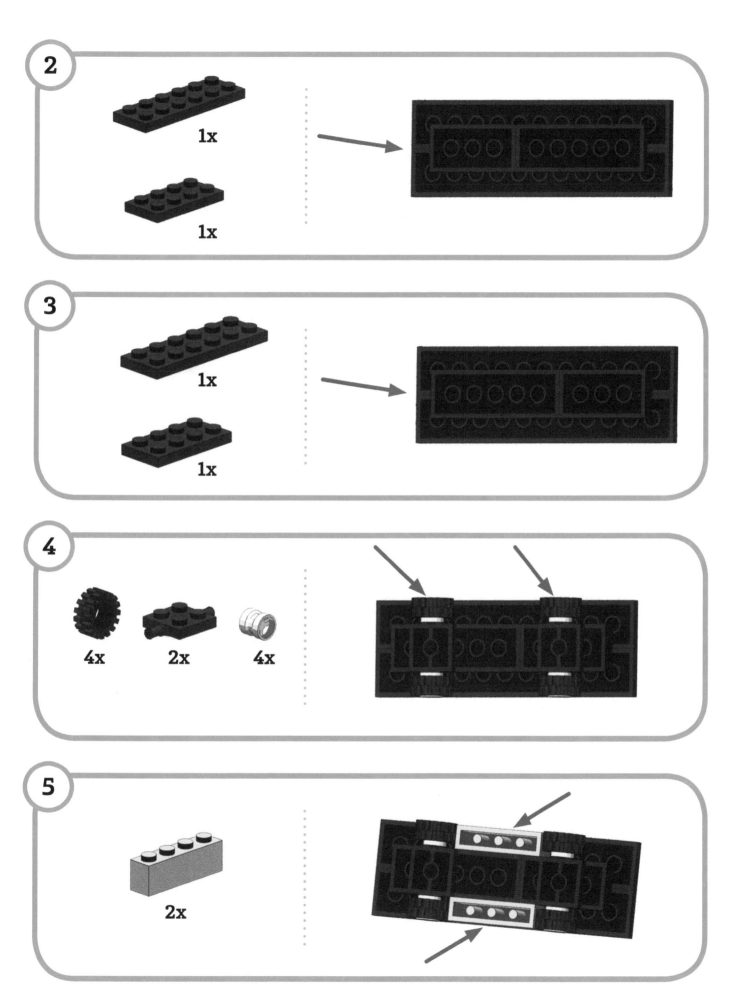

6

2x

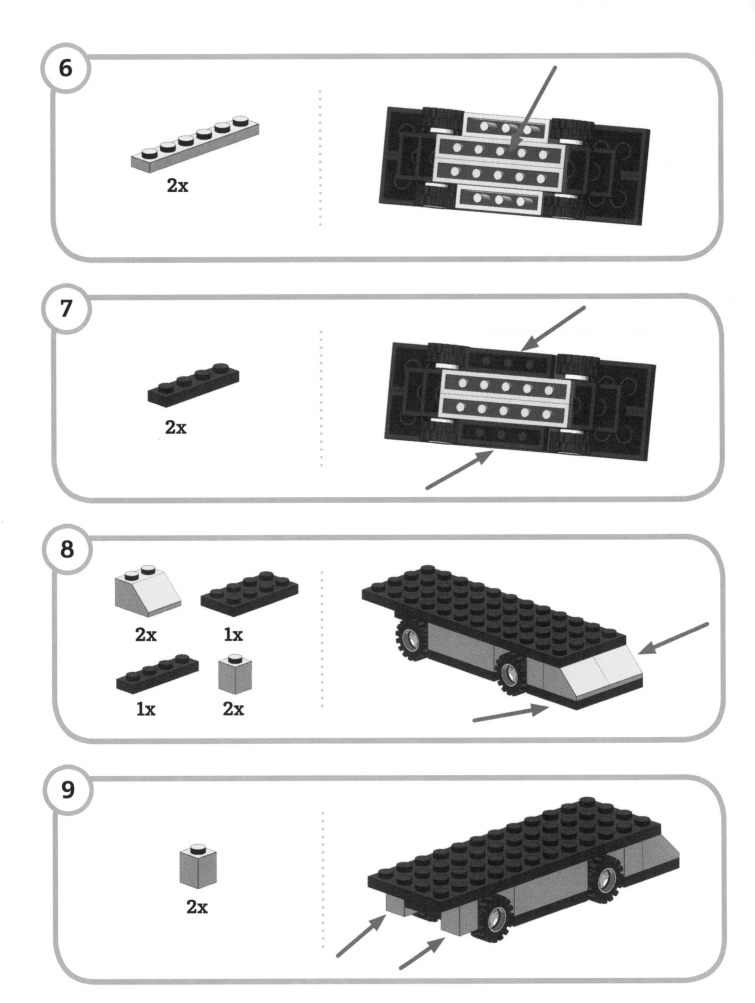

7

2x

8

2x 1x

1x 2x

9

2x

10

1x

1x

4x

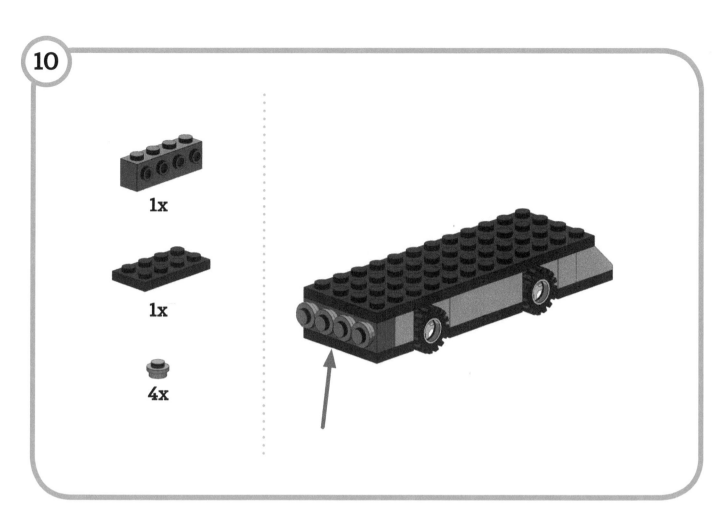

11

1x

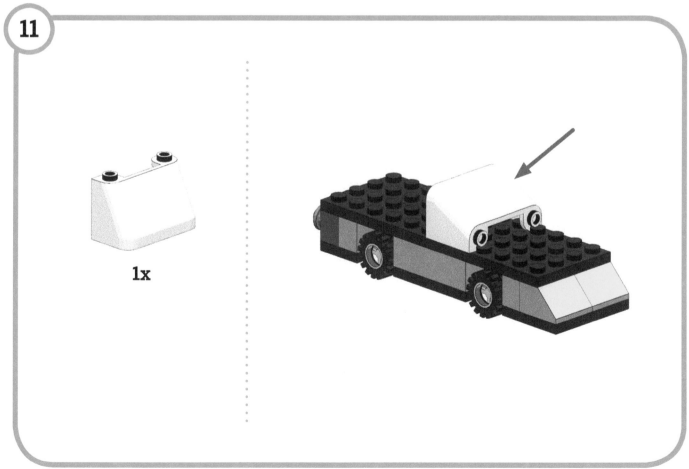

12

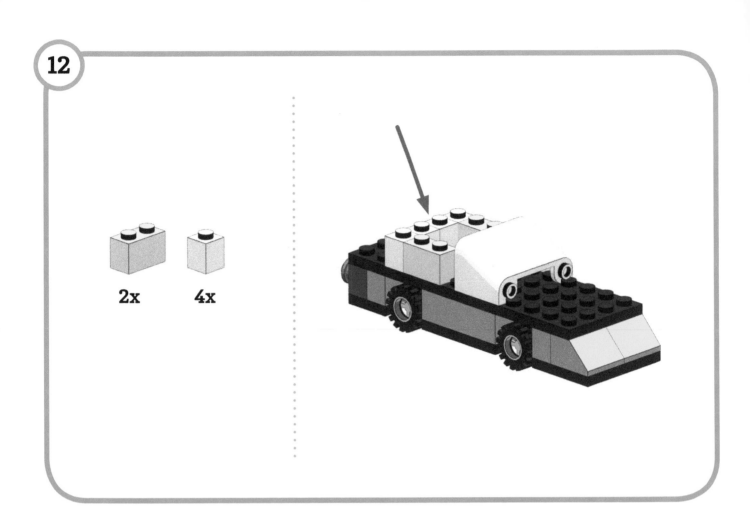

2x 4x

13

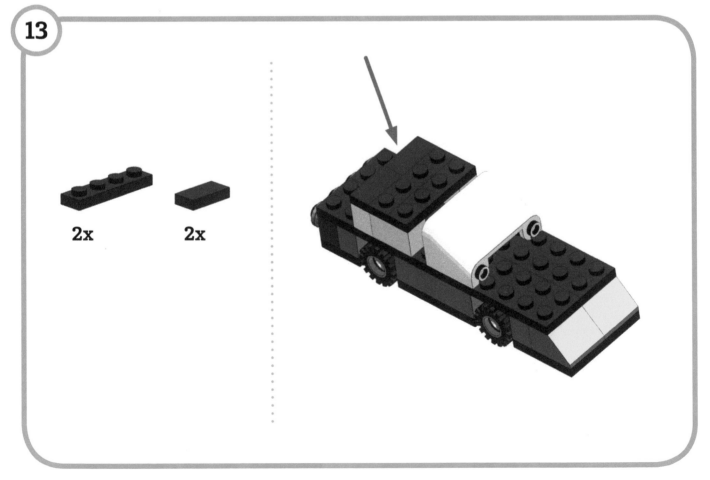

2x 2x

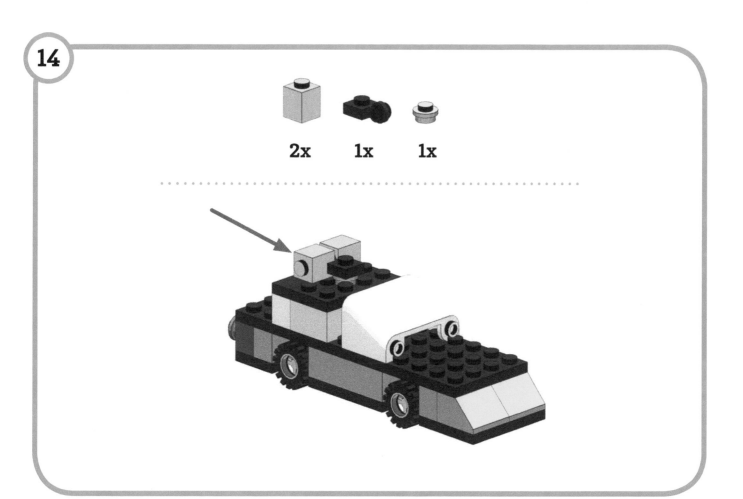

Formula Cars

Nothin' but
Smoke

Go Go Turbo

Rocket
Roader

Build Go Go Turbo

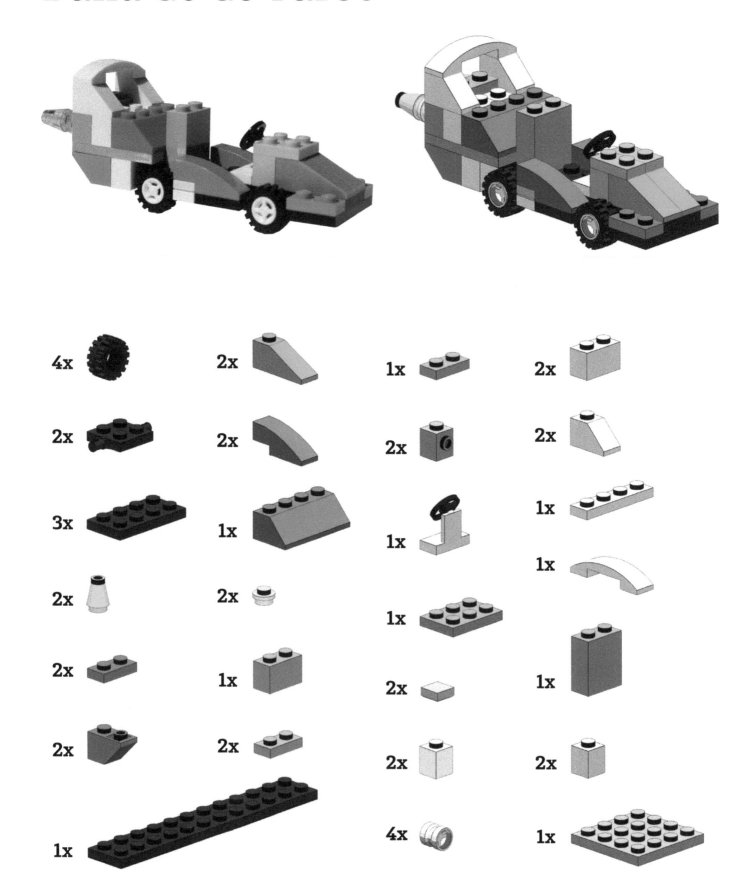

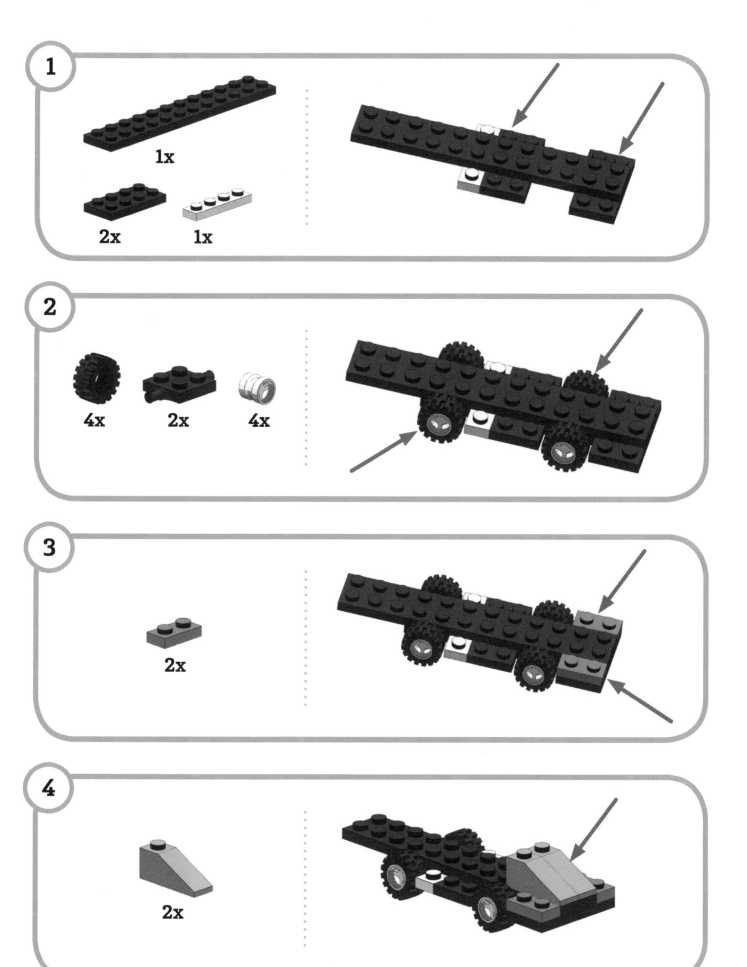

1

1x

2x   1x

2

4x   2x   4x

3

2x

4

2x

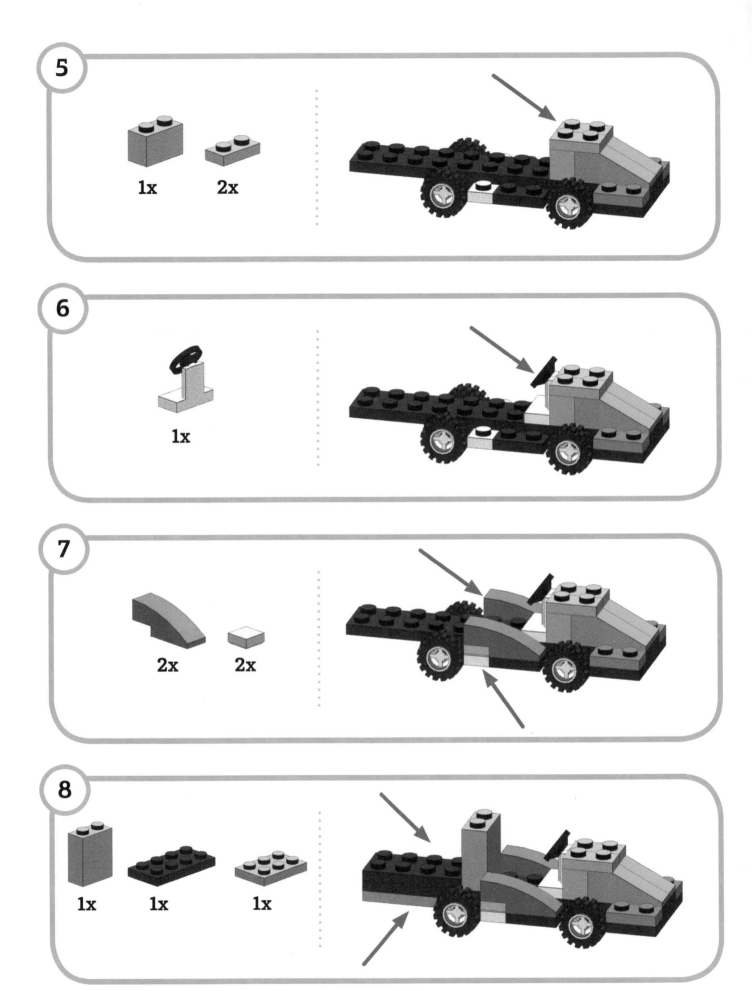

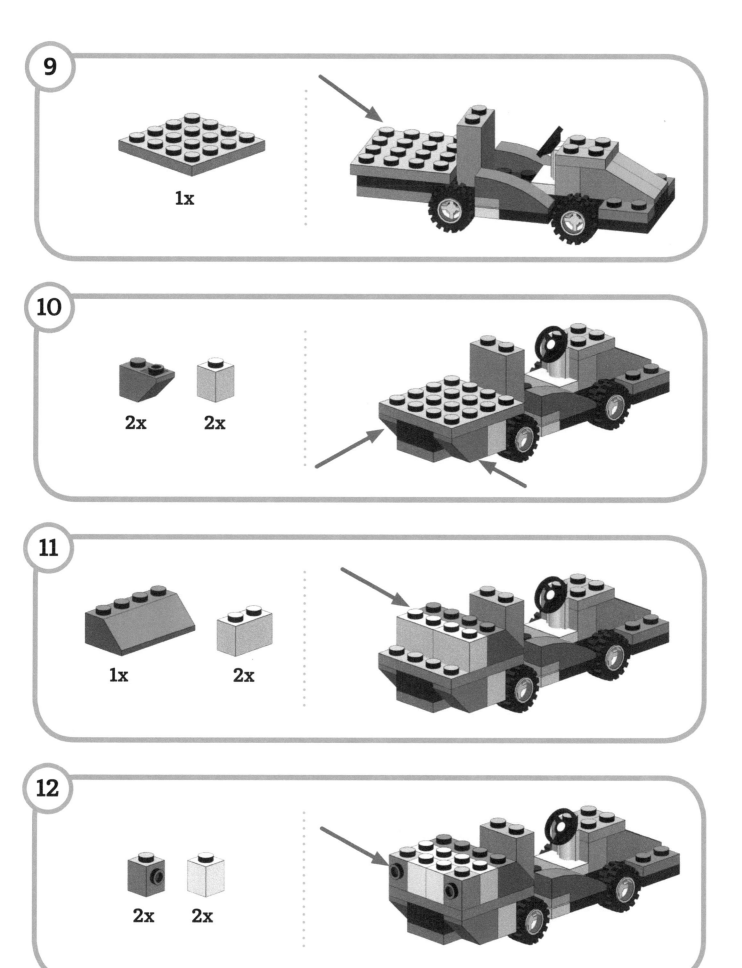

9

1x

10

2x 2x

11

1x 2x

12

2x 2x

35

13

2x   1x

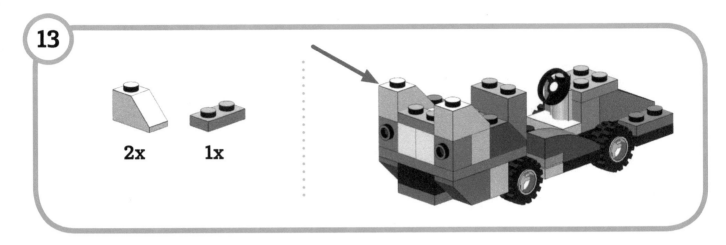

14

1x

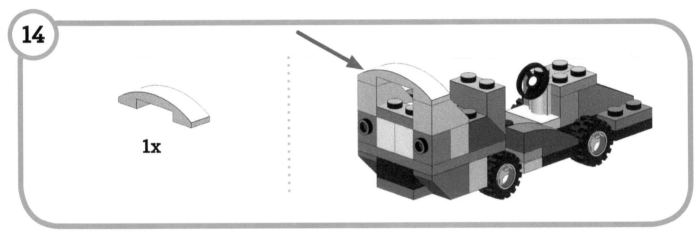

15

2x   2x

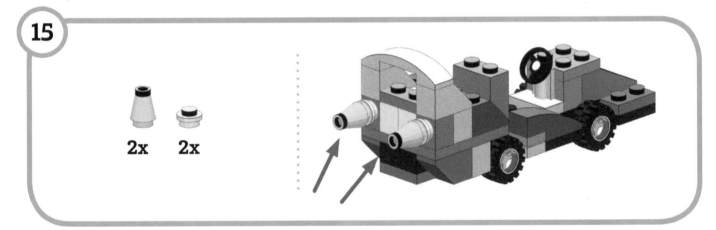

Build Nothin' but Smoke

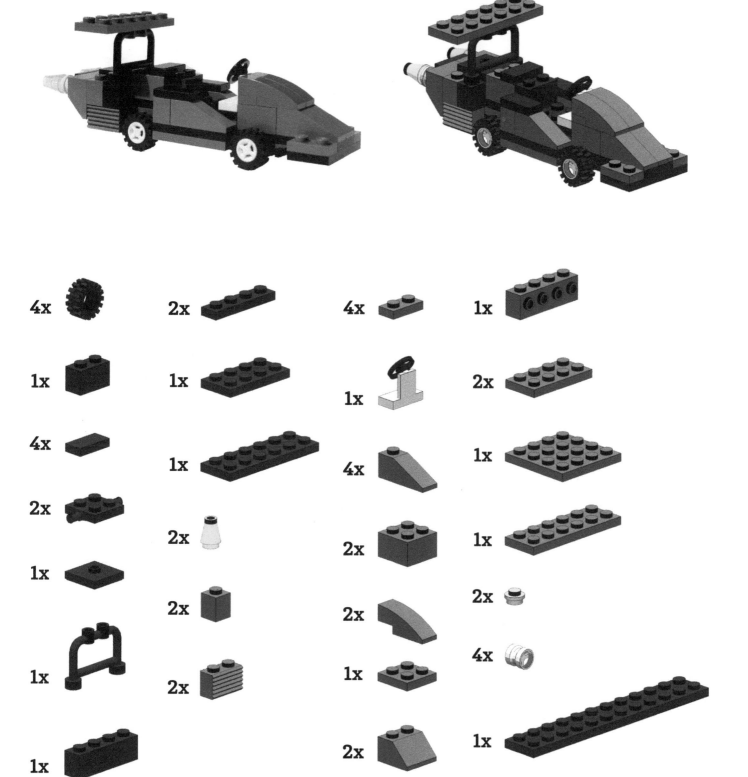

4x 1x
1x 2x
4x 1x
2x 4x
1x 2x
1x 2x
1x 2x
    4x
    2x
    1x
    2x 1x

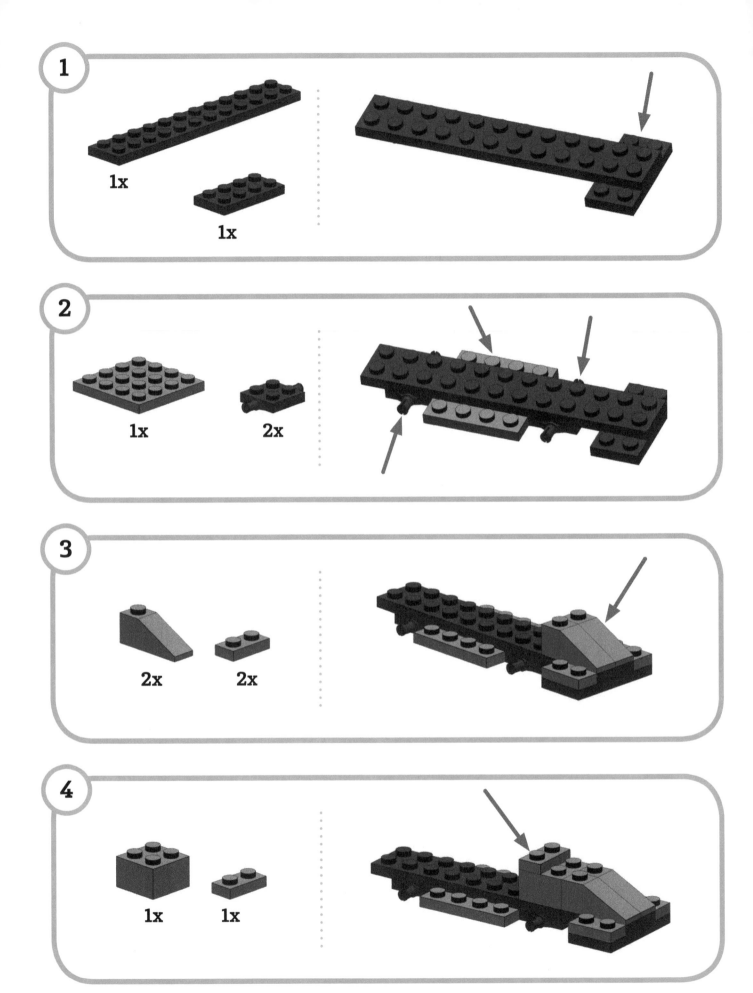

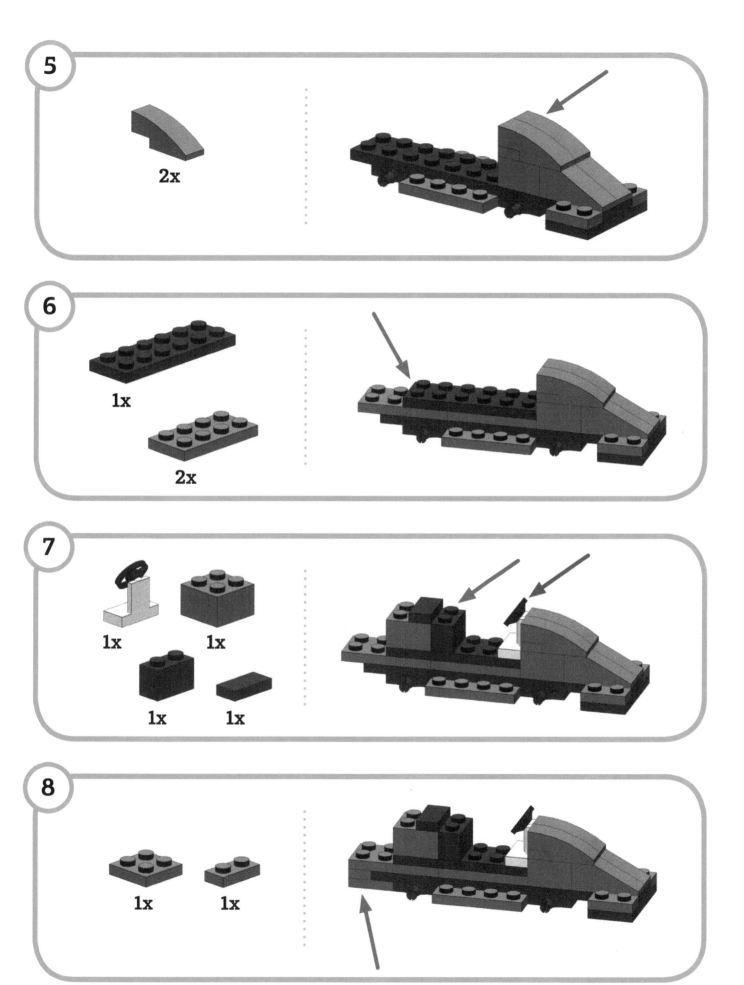

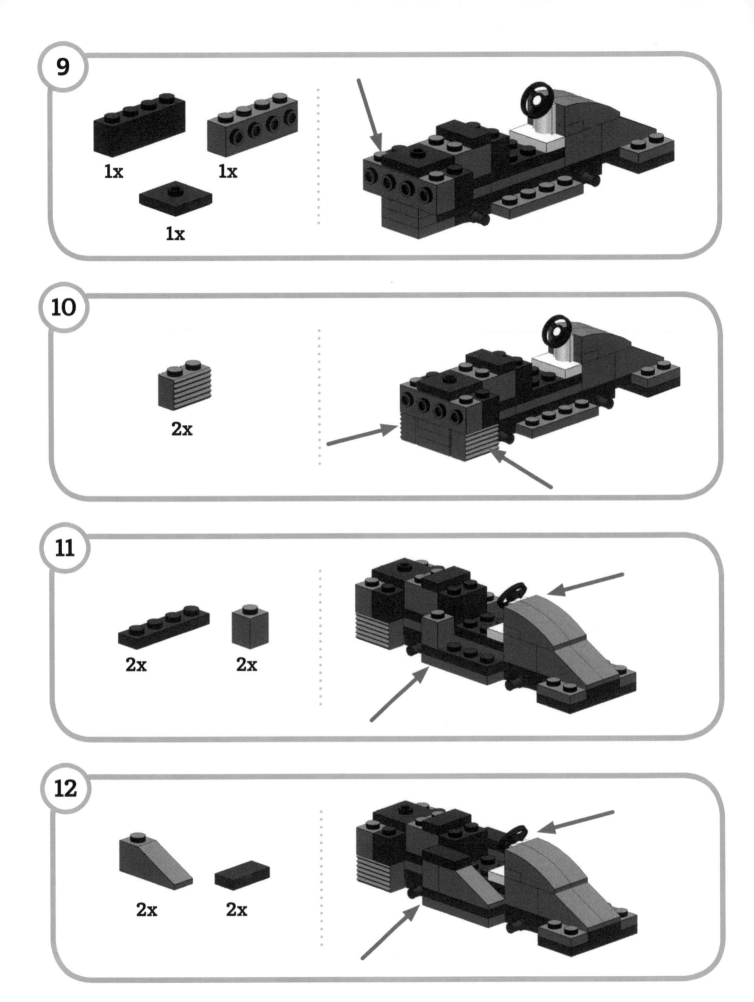

13

2x 1x

2x 2x

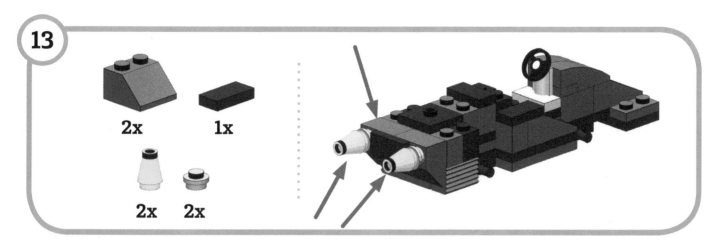

14

4x 4x

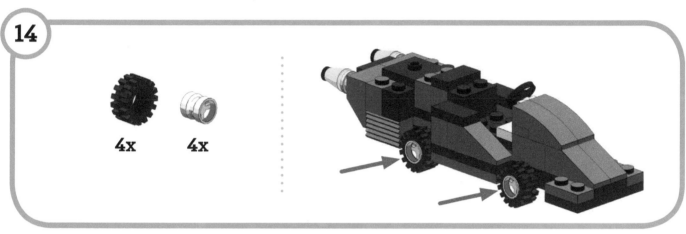

15

1x

1x

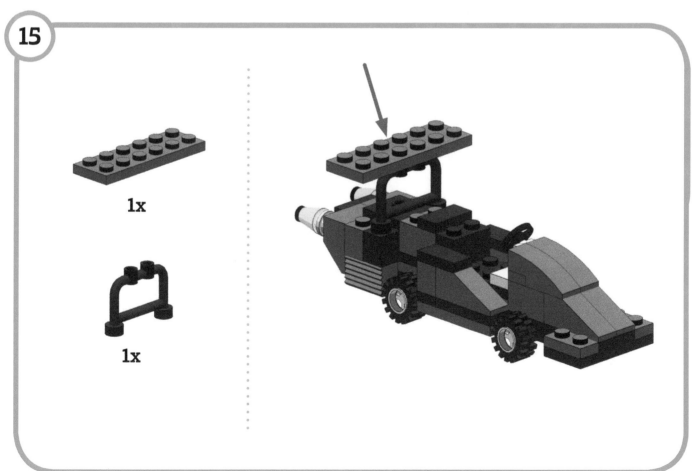

Build Rocket Roader

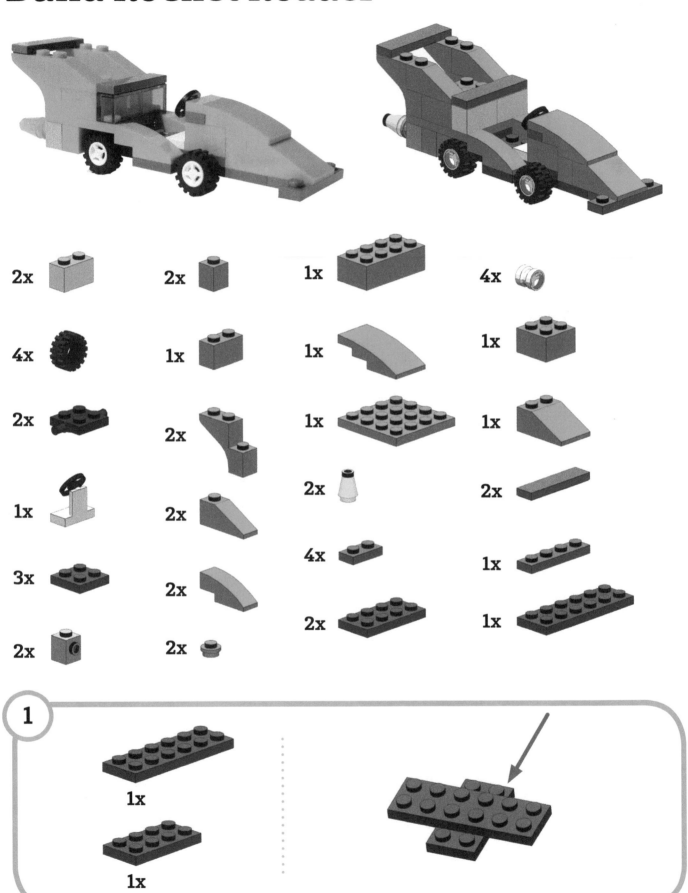

2x

2x

1x

4x

4x

1x

1x

1x

2x

1x

2x

1x

1x

2x

1x

2x

3x

2x

2x

4x

1x

2x

2x

2x

1

1x

1x

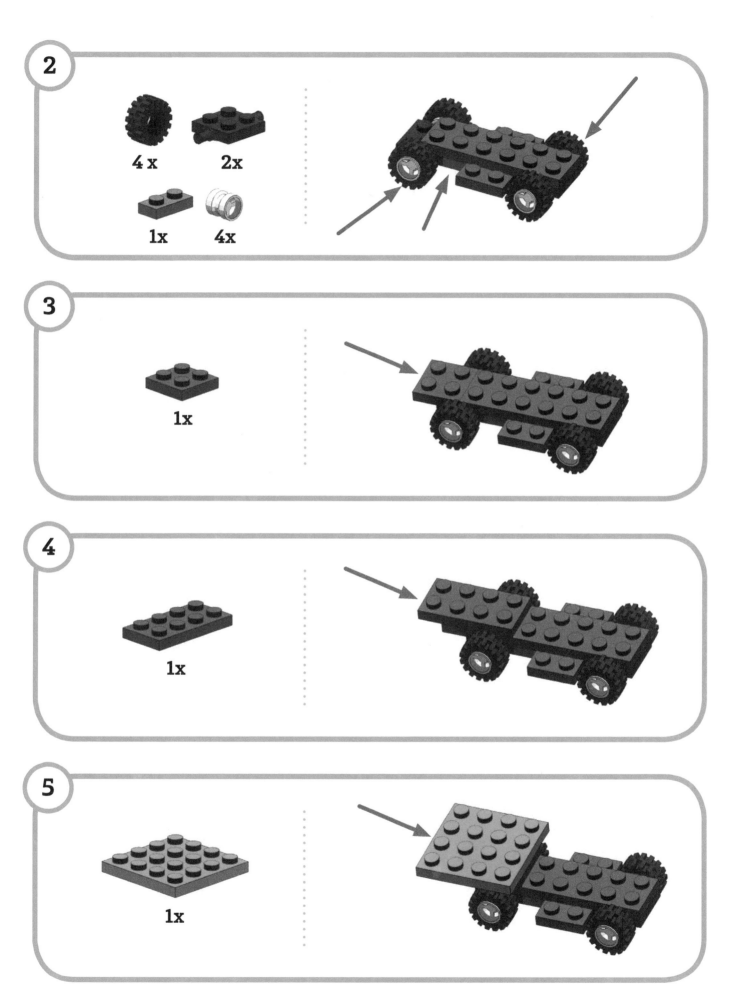

2

4 x   2x

1x   4x

3

1x

4

1x

5

1x

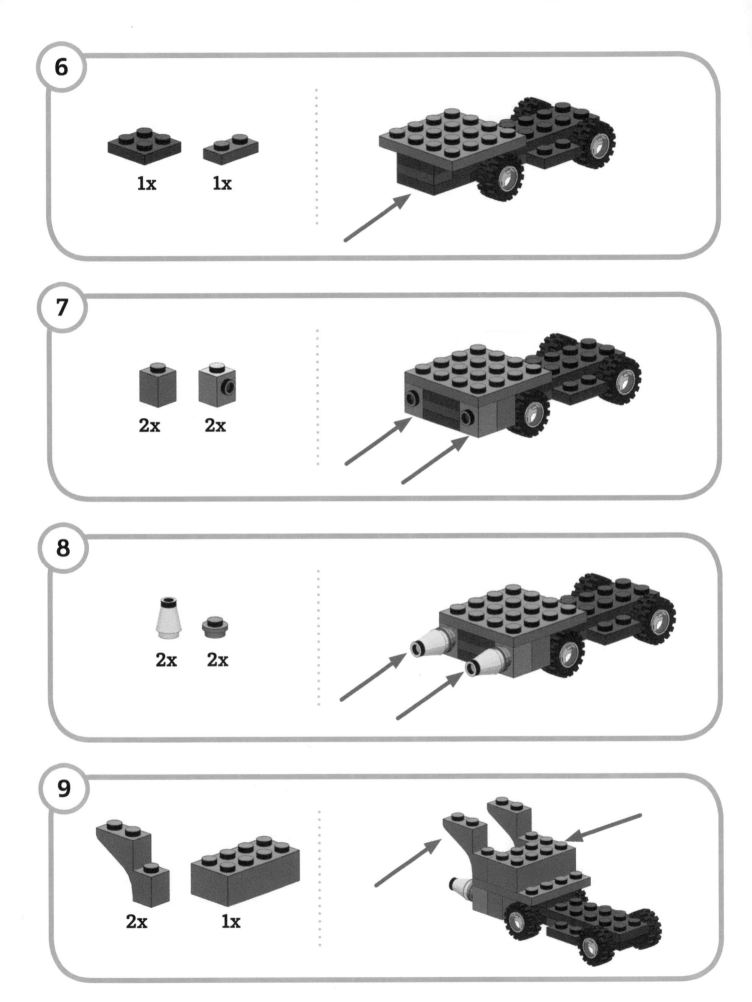

6

1x   1x

7

2x   2x

8

2x   2x

9

2x   1x

44

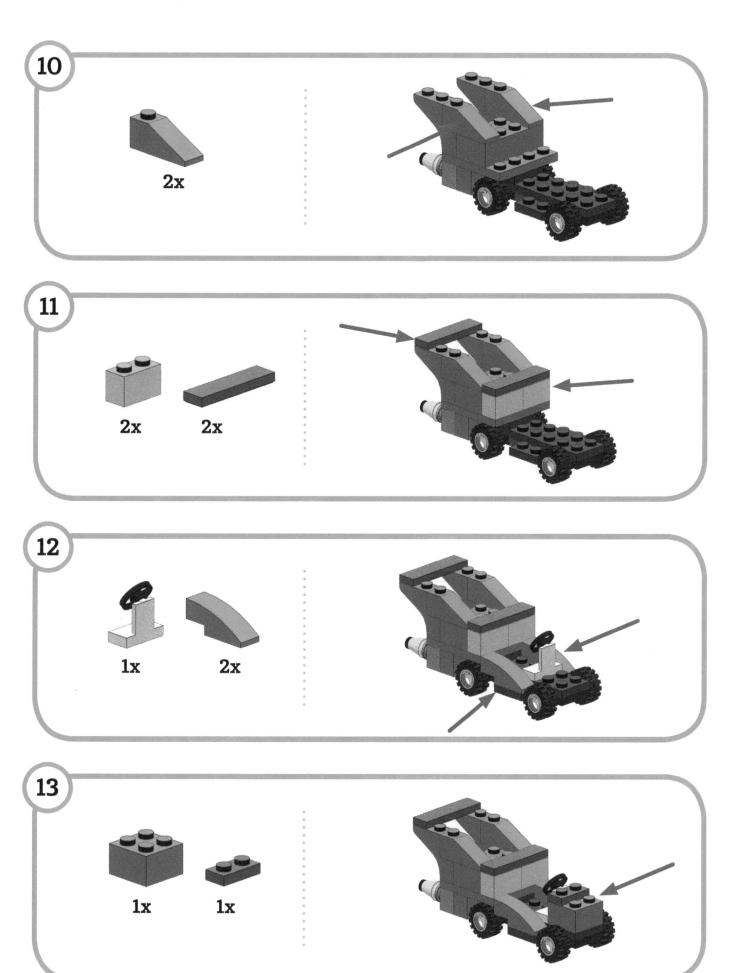

10 2x

11 2x 2x

12 1x 2x

13 1x 1x

45

14

1x

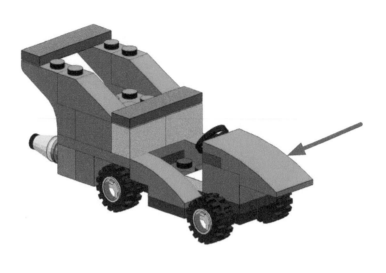

15

1x　　　1x

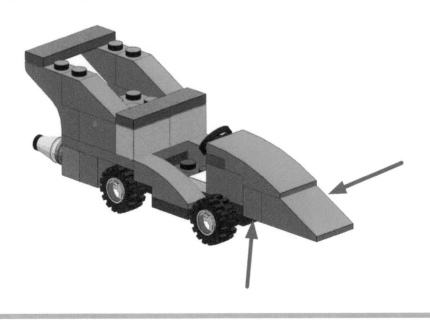

1x   1x   1x

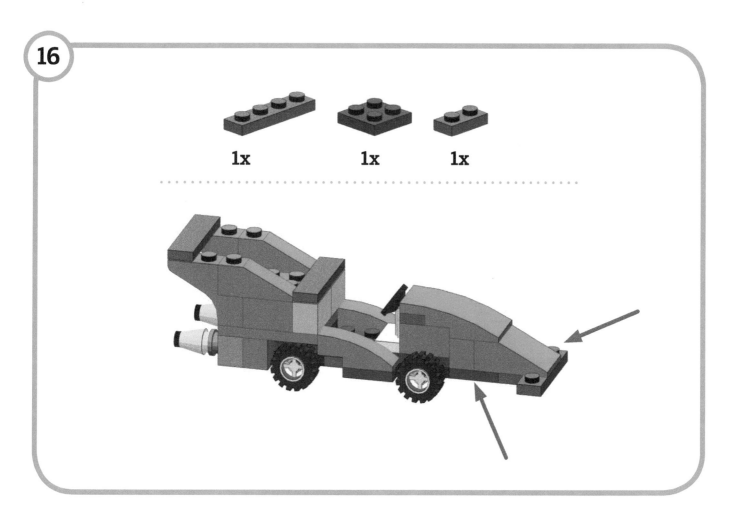

The
Crocodile

Dragsters

Unspotted
Cheetah

Build The Crocodile

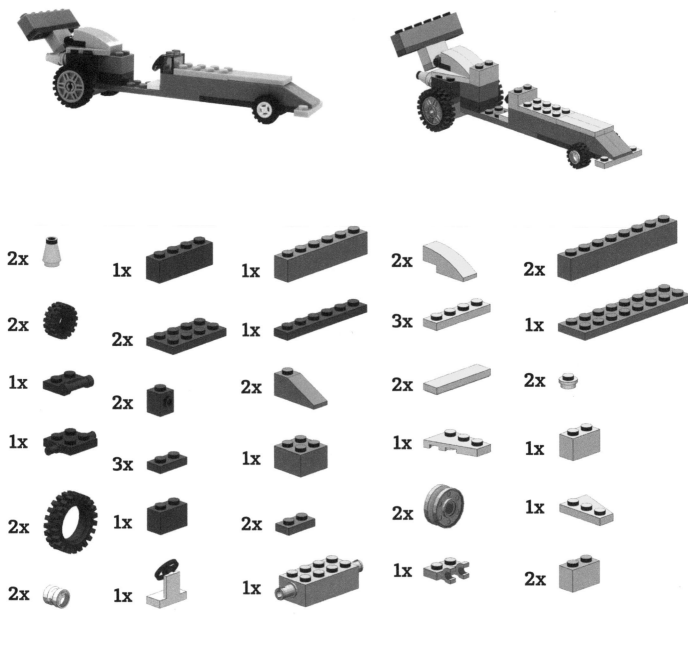

2x   1x   1x   2x   2x

2x   2x   1x   3x   1x

1x   2x   2x   2x   2x

1x   3x   1x   1x   1x

2x   1x   2x   2x   1x

2x   1x   1x   1x   2x

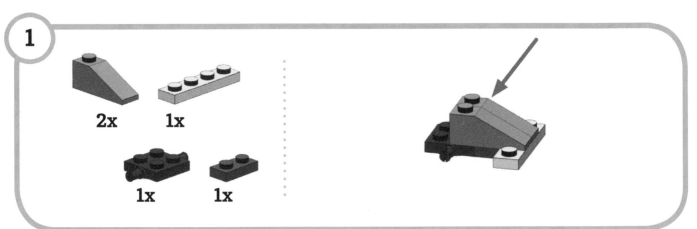

1

2x   1x

1x   1x

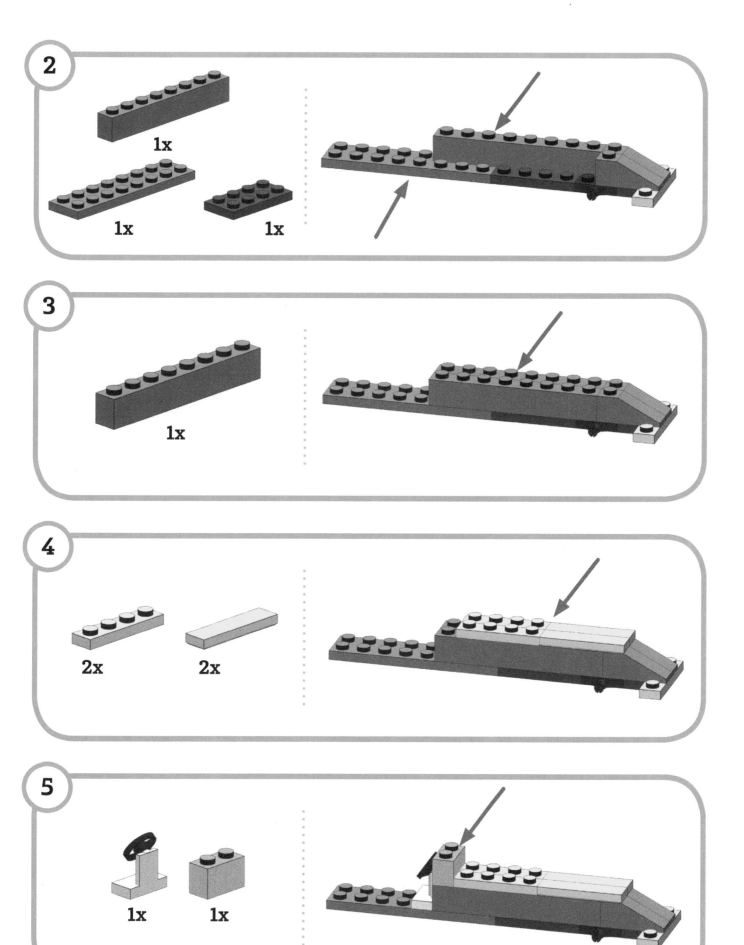

6

2x

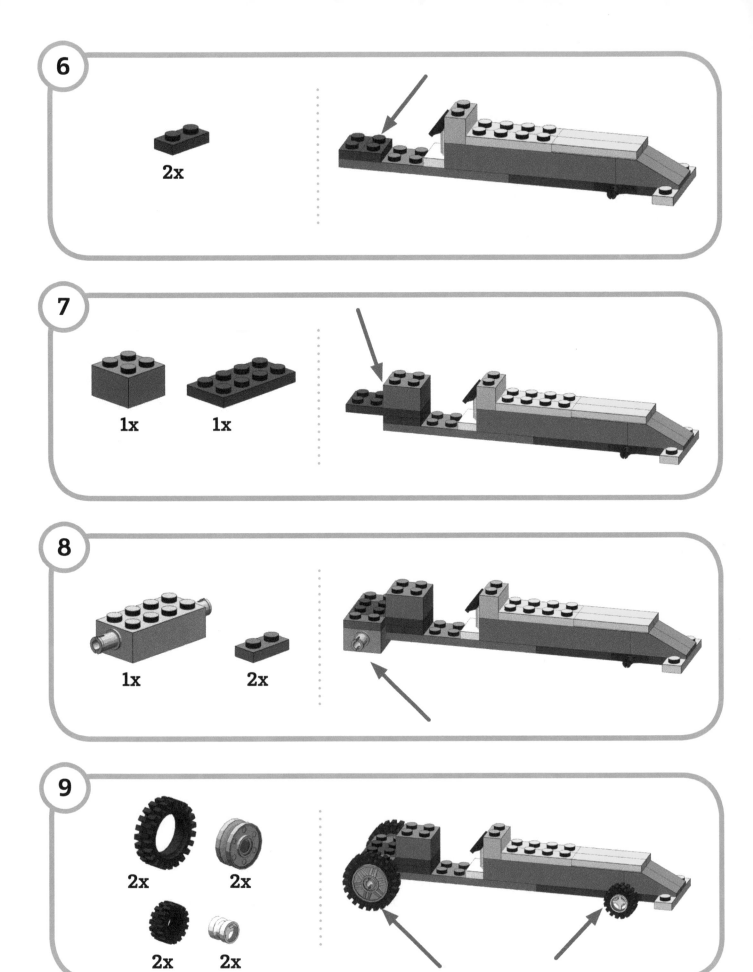

7

1x   1x

8

1x   2x

9

2x   2x

2x   2x

10

1x   1x   2x

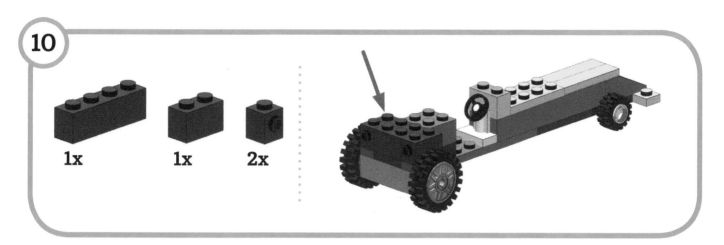

11

1x   1x

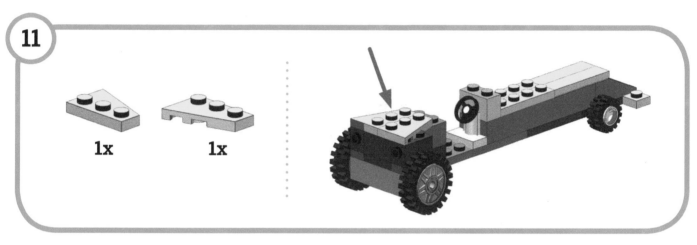

12

2x   1x   1x

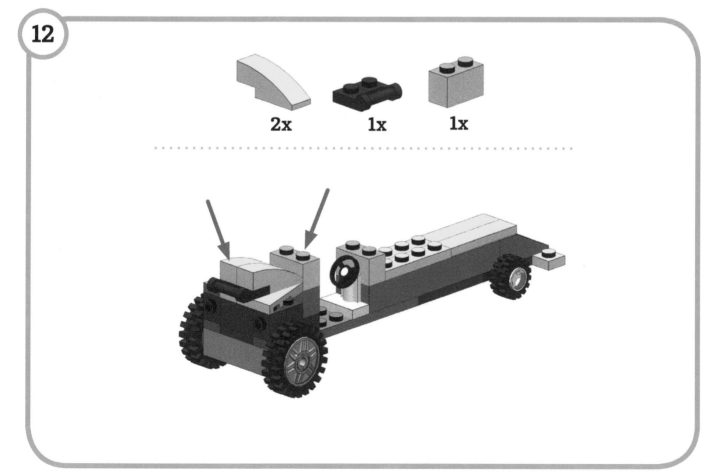

13

1x 1x 1x 1x

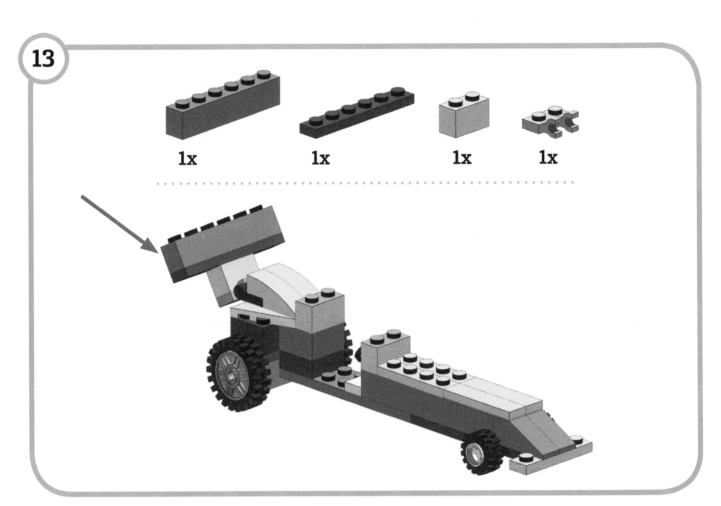

14

2x 2x

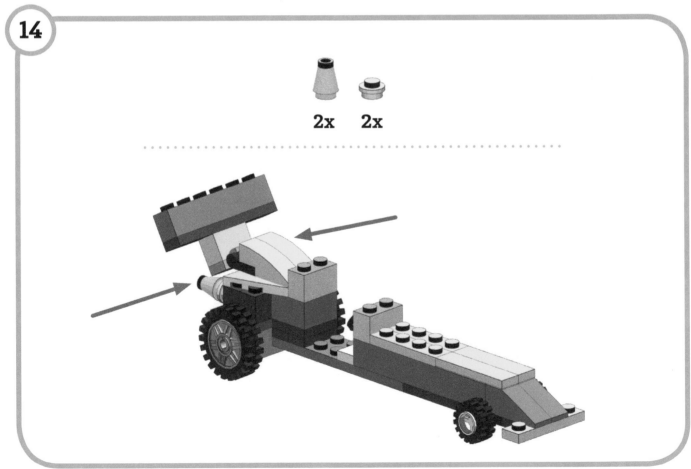

Build Unspotted Cheetah

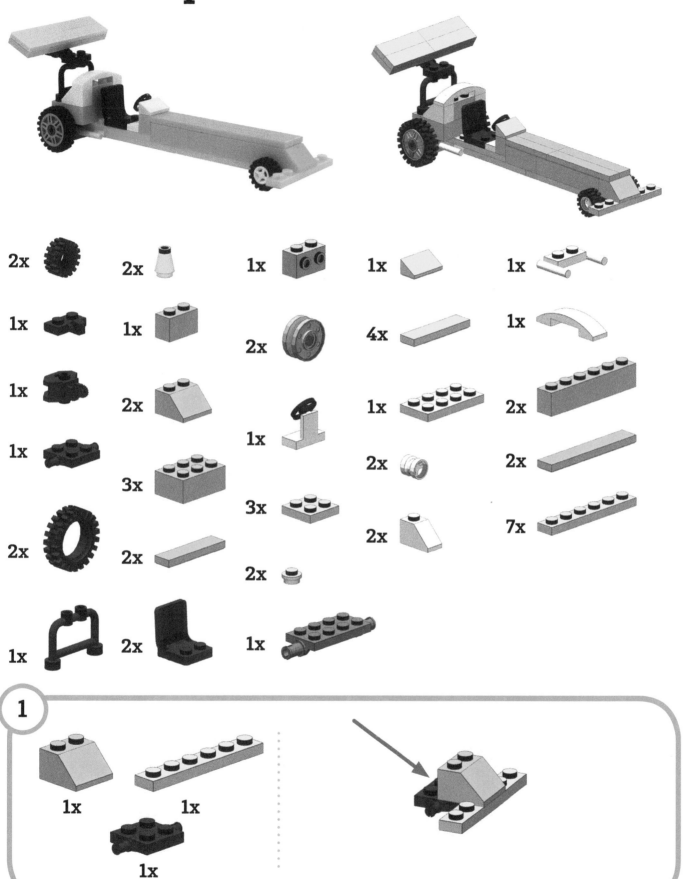

2x · 2x · 1x · 1x · 1x

1x · 1x · 2x · 4x · 1x

1x · 2x · 1x · 1x · 2x

1x · 3x · 3x · 2x · 2x

2x · 2x · 2x · 7x

1x · 2x · 1x

1

1x · 1x

1x

2

2x

2x

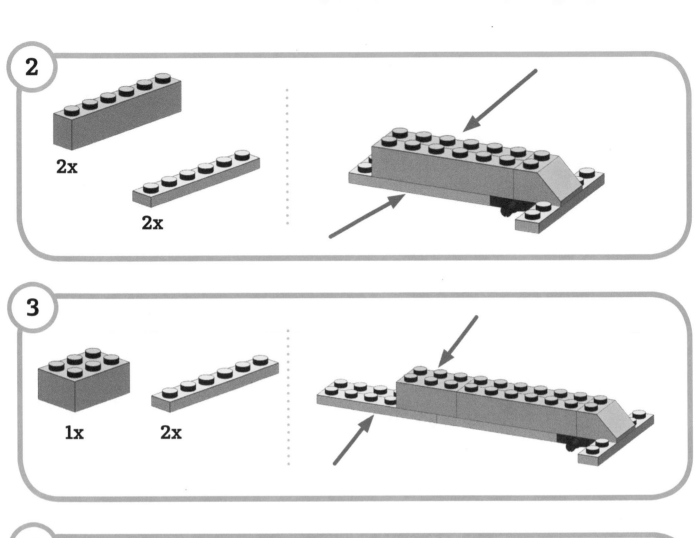

3

1x

2x

4

2x

2x

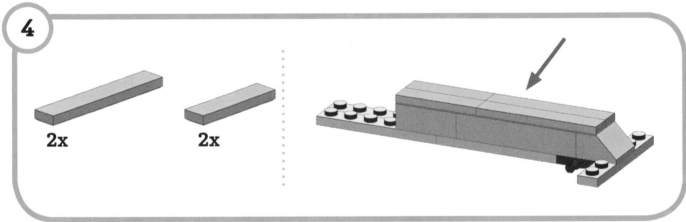

5

1x

2x

1x

1x

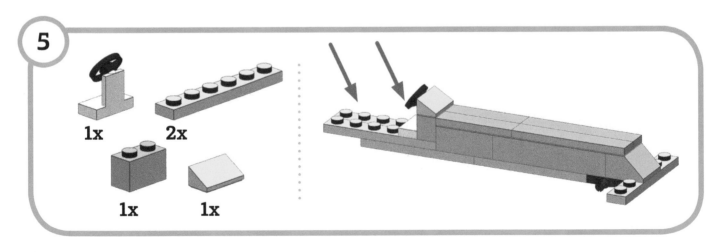

6

1x 1x

1x

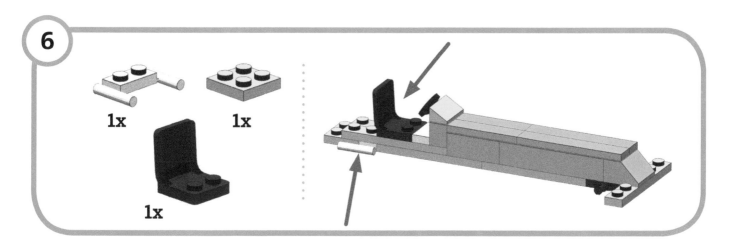

7

2x 1x

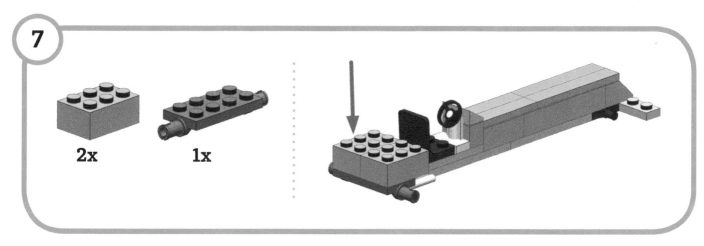

8

2x 2x 1x

2x 2x

9

1x 2x

10

1x 1x

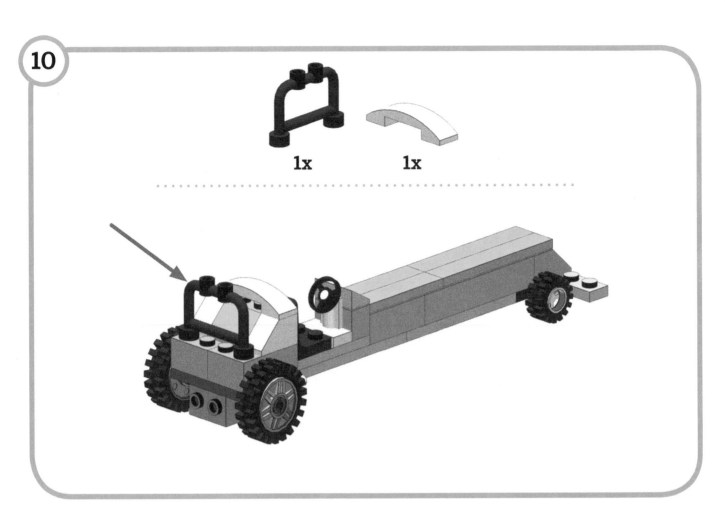

11

1x

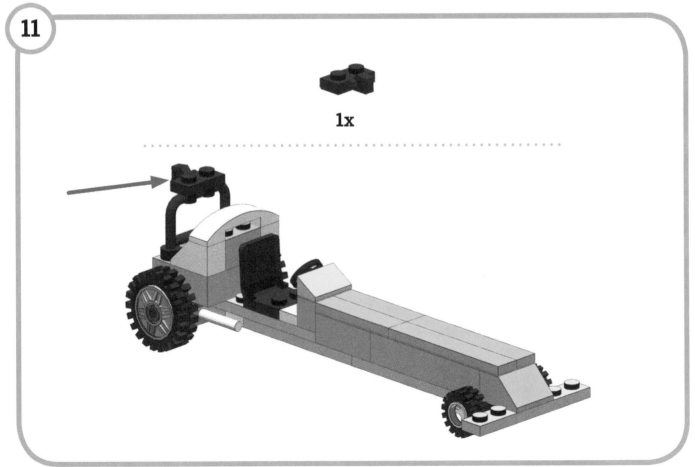

58

12

1x   4x   2x   1x

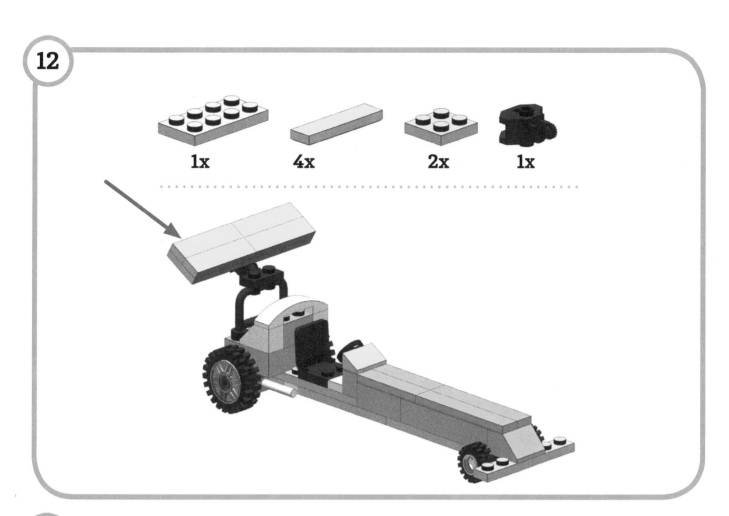

13

2x   2x

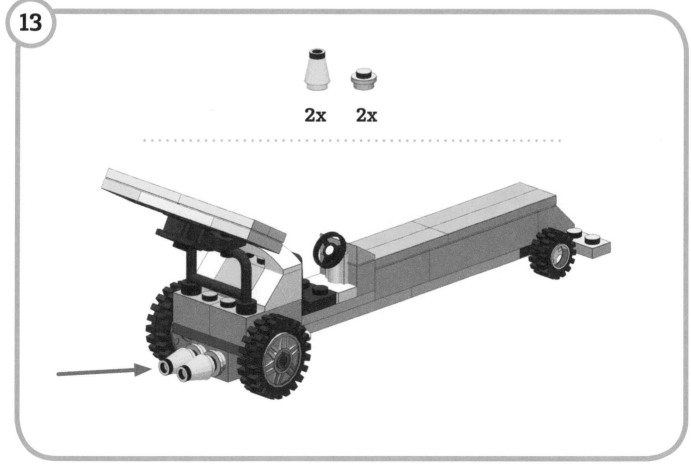

Sports Cars

**Space
Speeder**

**Zip, Zip, and
Away**

Blue Bomber

Open Flame

Build Blue Bomber

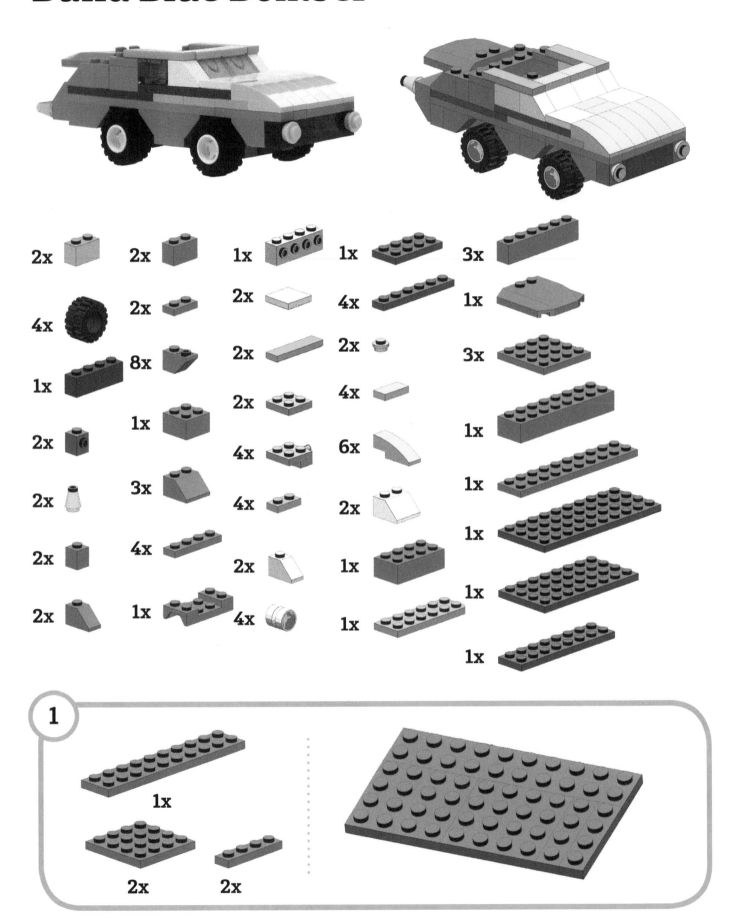

2x   2x   1x   1x   3x

4x   2x   2x   4x   1x

1x   8x   2x   2x   3x

2x   1x   4x   4x   1x

2x   3x   4x   2x   1x

2x   4x   2x   1x   1x

2x   1x   4x   1x   1x

1x

1x

1

1x

2x   2x

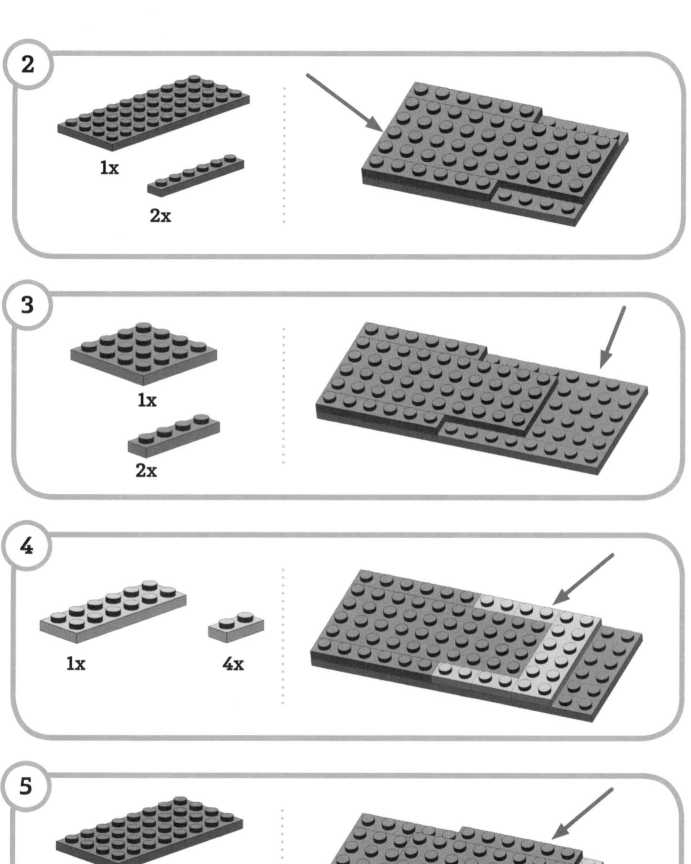

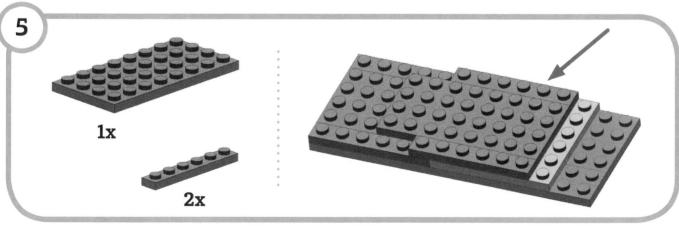

6

2x 2x

7

6x

8

1x 1x

9

1x 1x

2x 2x

10

2x 2x

2x 2x

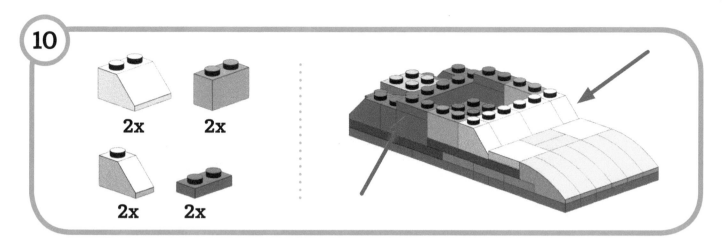

11

2x 2x

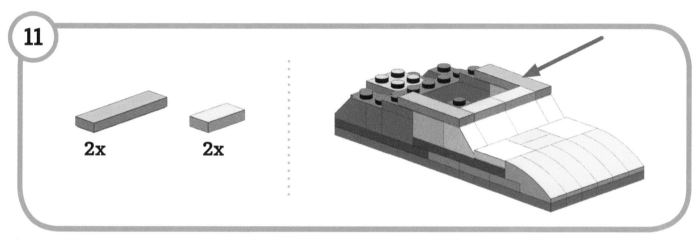

12

1x 2x

1x 1x

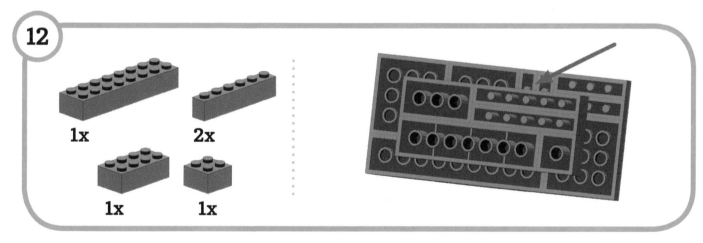

13

1x 2x

2x 2x

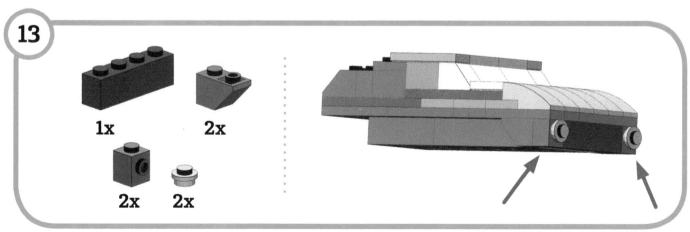

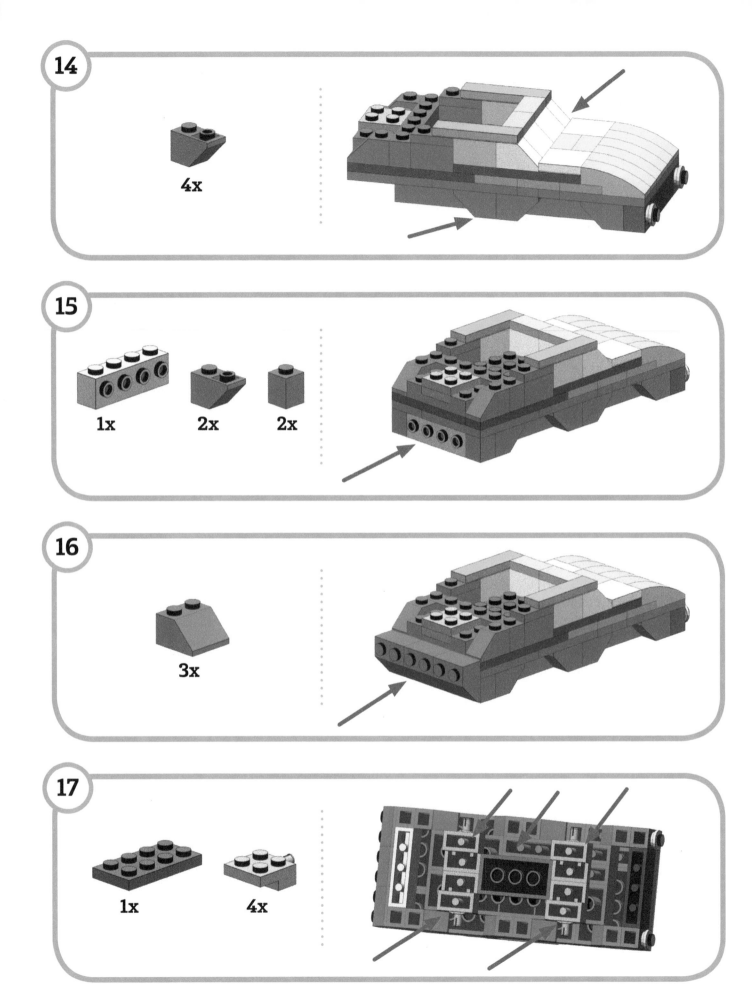

14 4x

15 1x 2x 2x

16 3x

17 1x 4x

18

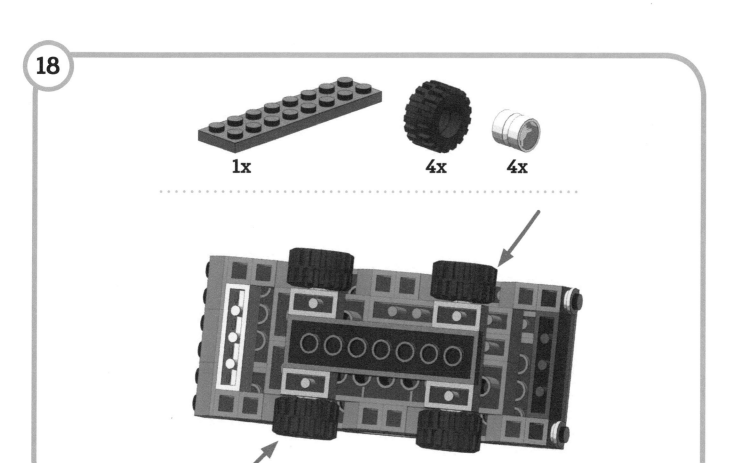

1x   4x   4x

19

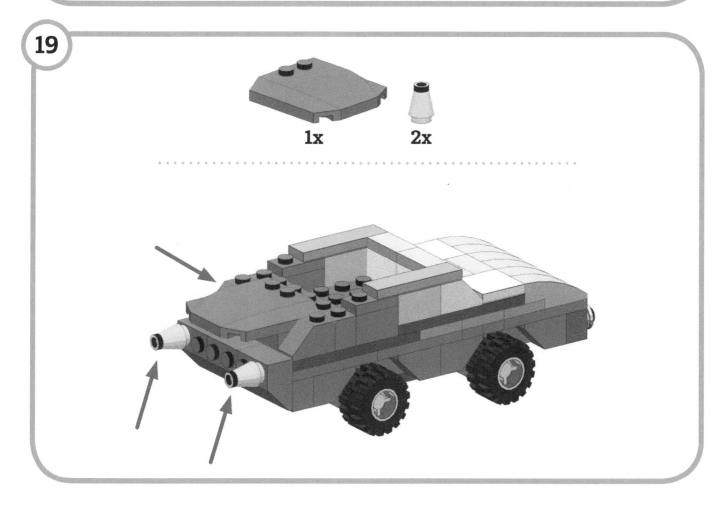

1x   2x

Build Zip, Zip, and Away

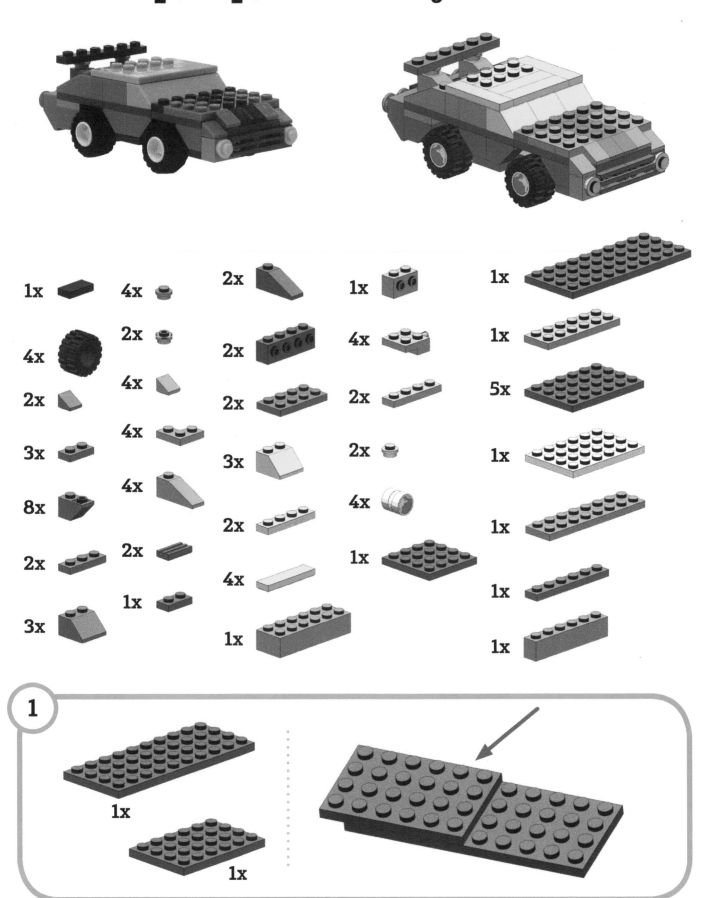

1x

1x

1x

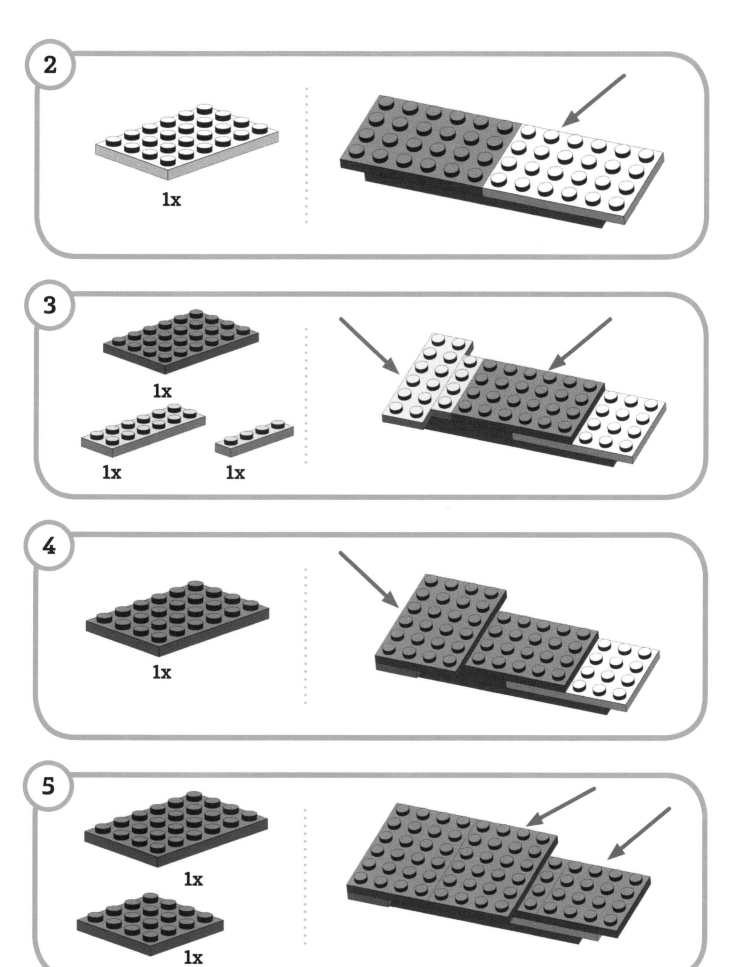

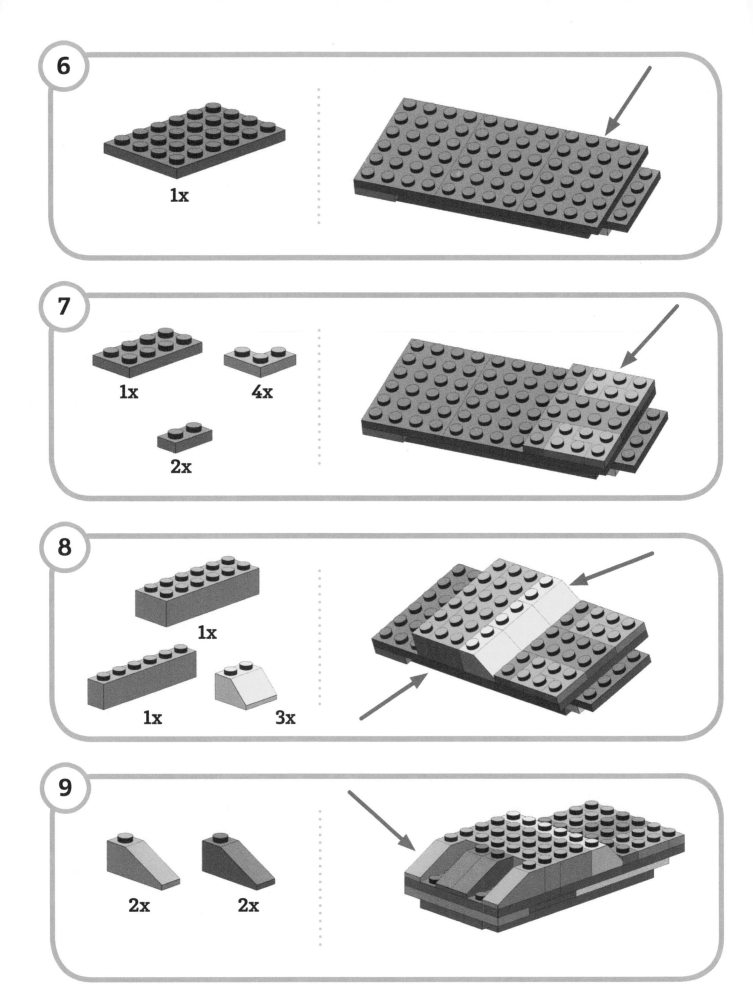

6

1x

7

1x   4x

2x

8

1x

1x   3x

9

2x   2x

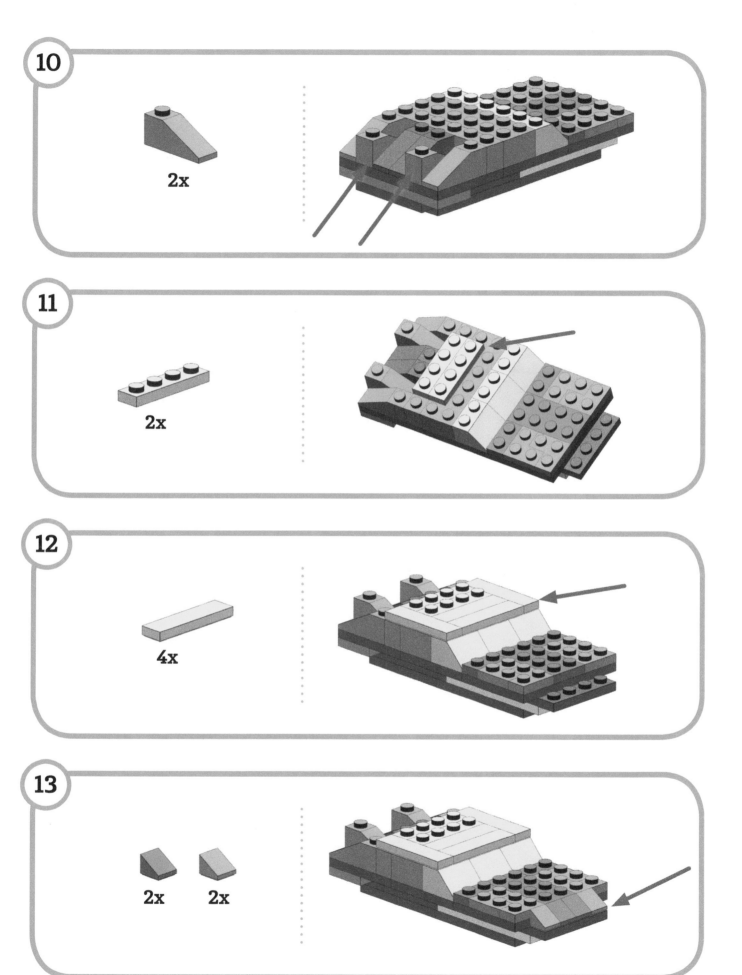

10 2x

11 2x

12 4x

13 2x 2x

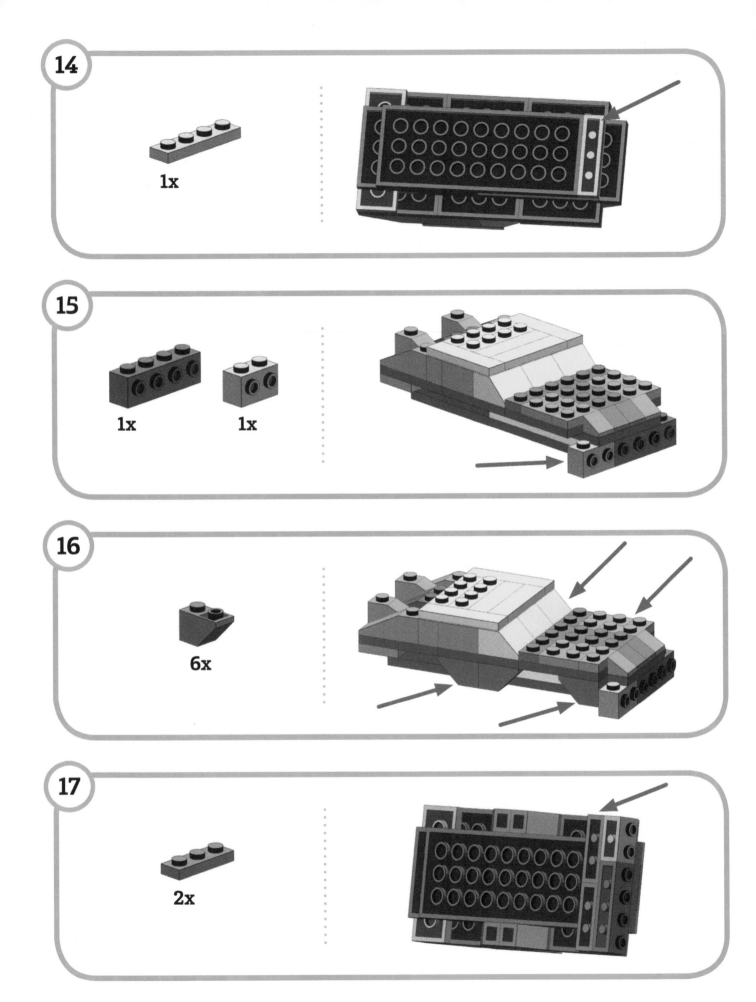

14

1x

15

1x   1x

16

6x

17

2x

18

2x 2x 2x

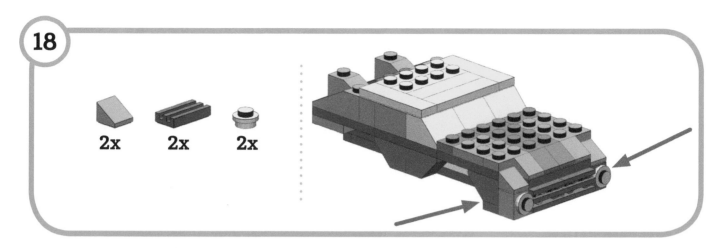

19

4x

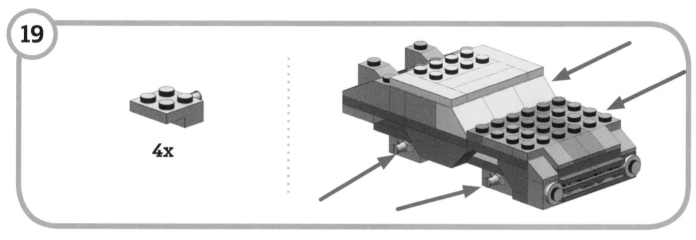

20

1x

1x 1x

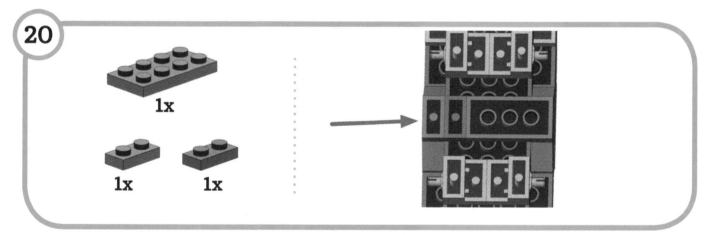

21

1x

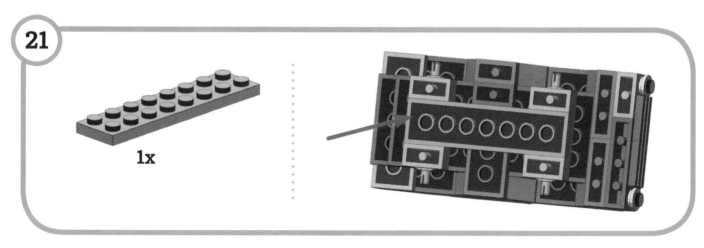

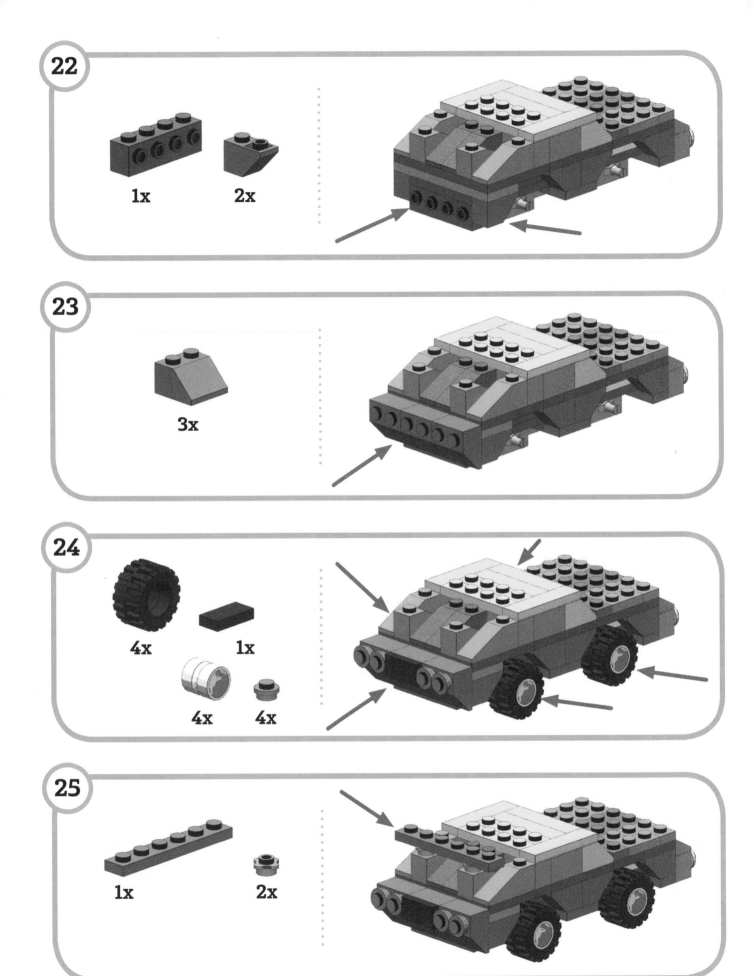

22

1x   2x

23

3x

24

4x   1x

4x   4x

25

1x   2x

Build Space Speeder

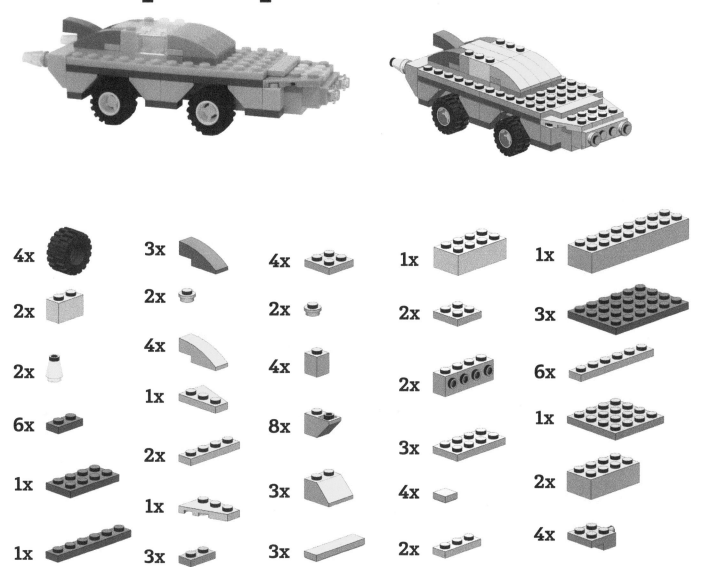

4x · 2x · 2x · 6x · 1x · 1x · 4x
3x · 2x · 4x · 1x · 2x · 1x · 3x
4x · 2x · 4x · 8x · 3x · 3x
1x · 2x · 2x · 3x · 4x · 2x
1x · 3x · 6x · 1x · 2x · 4x · 1x

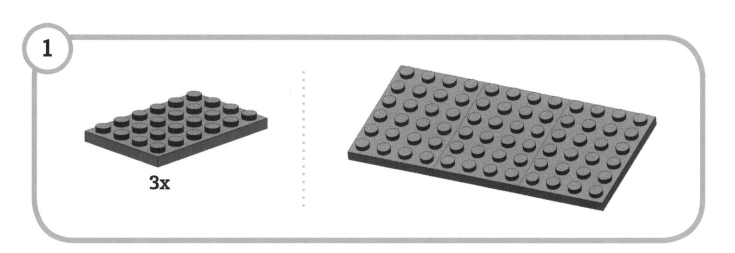

1

3x

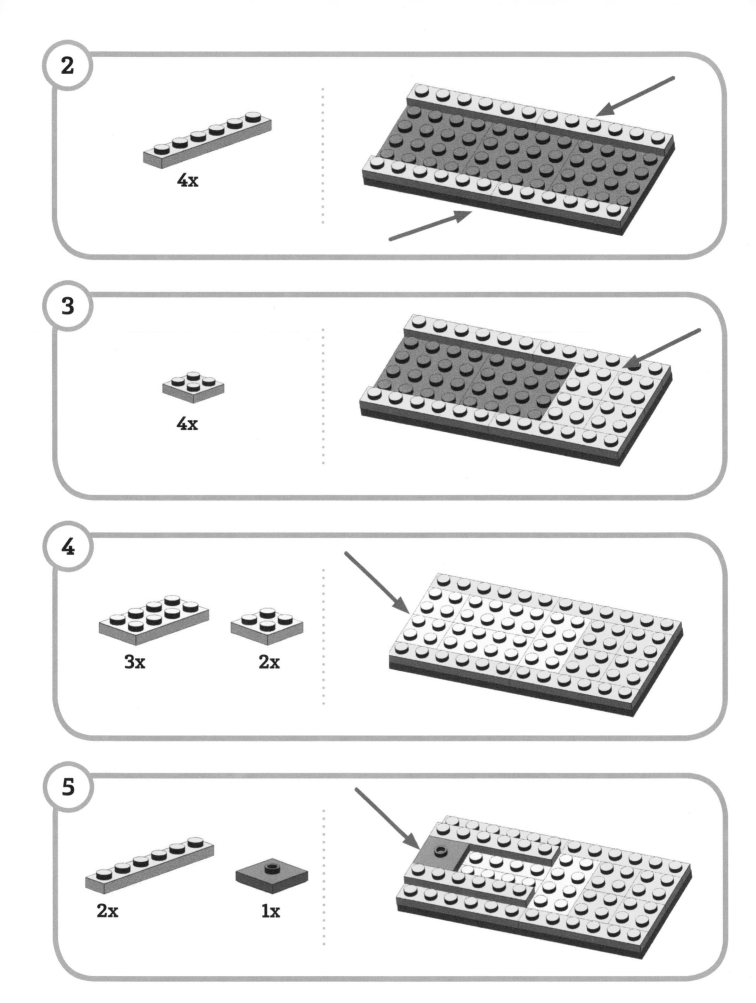

2

4x

3

4x

4

3x   2x

5

2x   1x

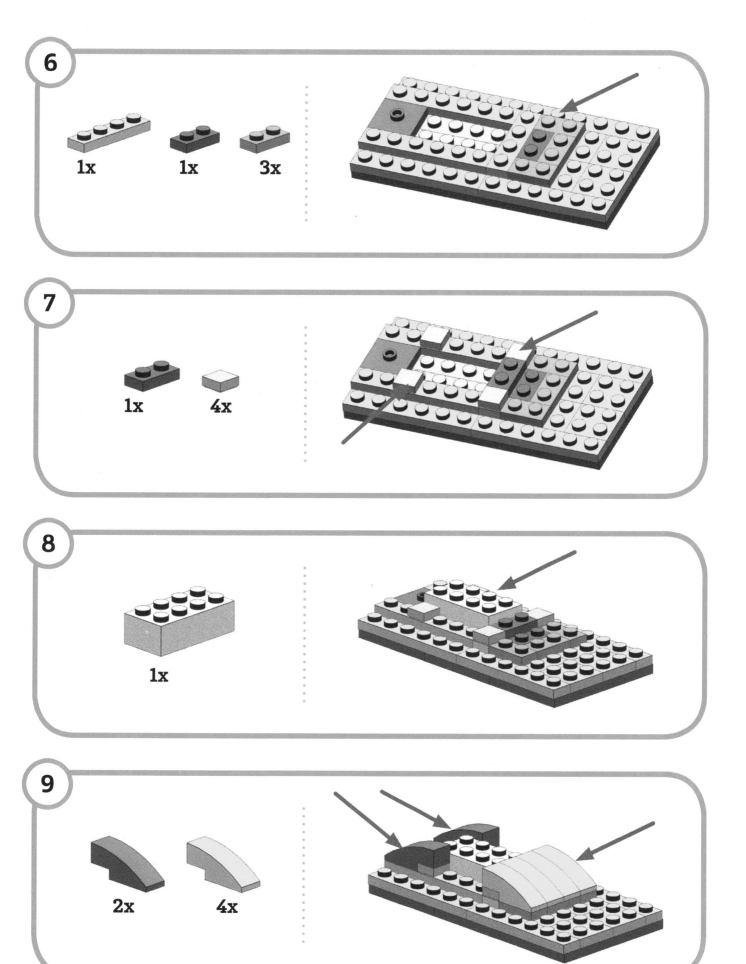

6

1x   1x   3x

7

1x   4x

8

1x

9

2x   4x

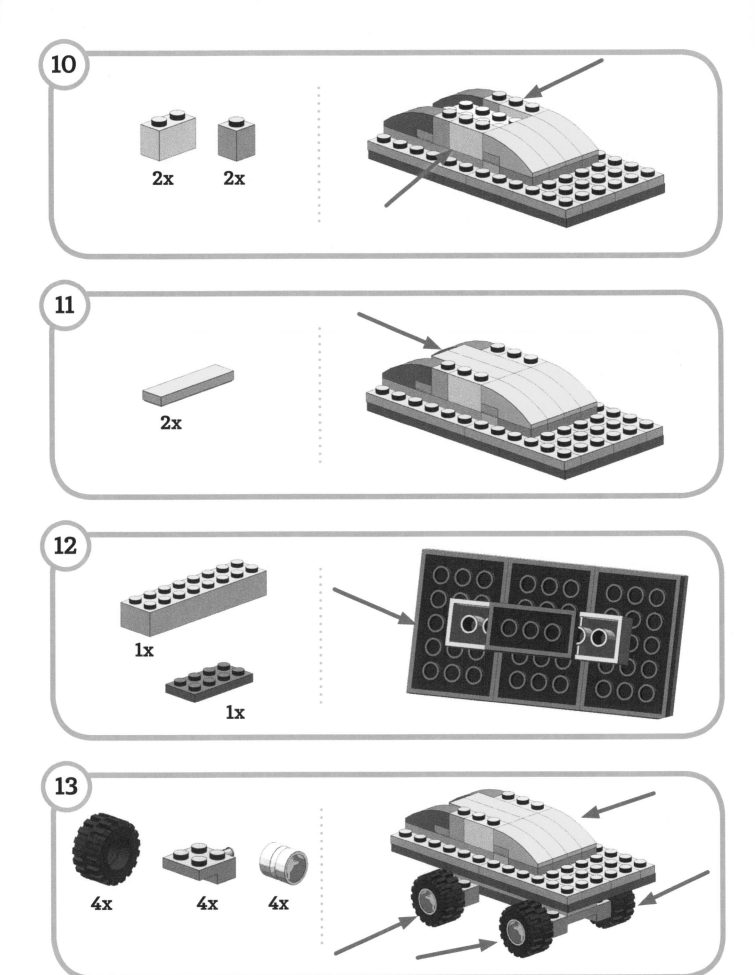

10

2x 2x

11

2x

12

1x

1x

13

4x 4x 4x

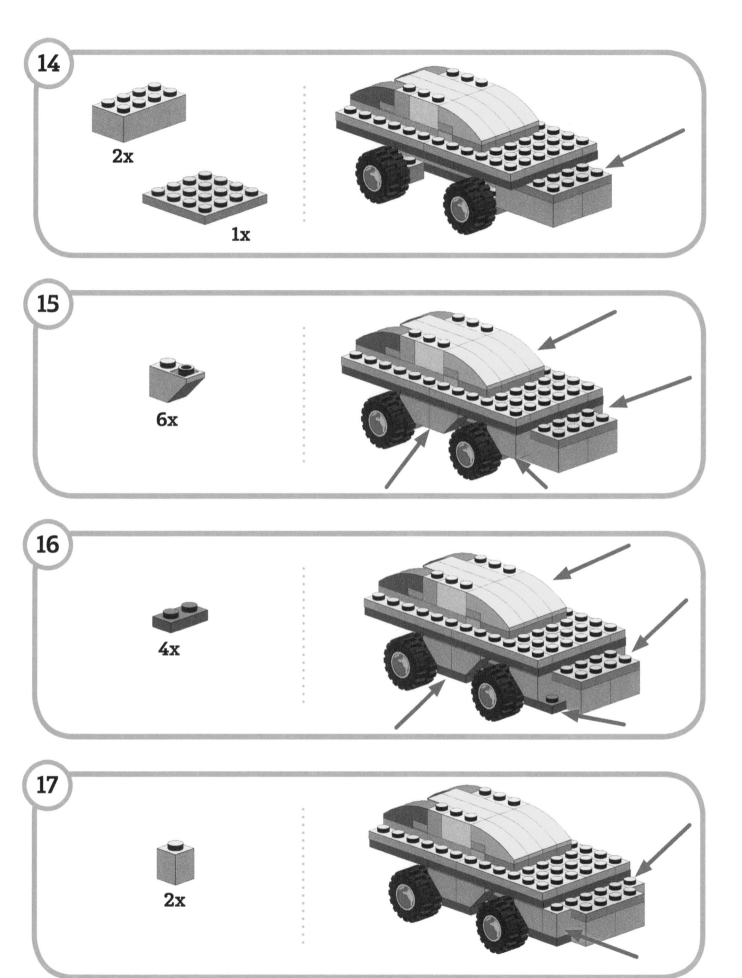

14

2x

1x

15

6x

16

4x

17

2x

18

1x   1x

2x

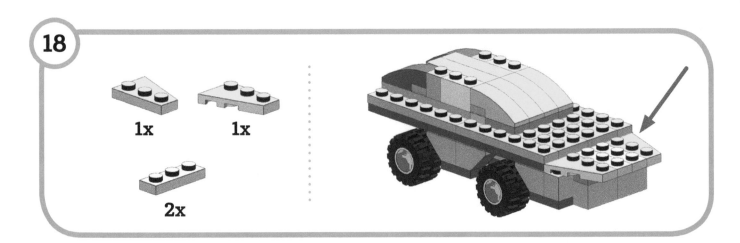

19

1x

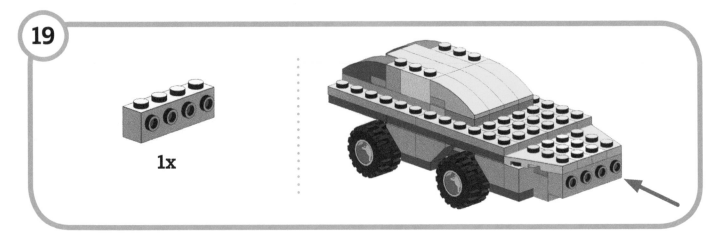

20

1x   1x

2x

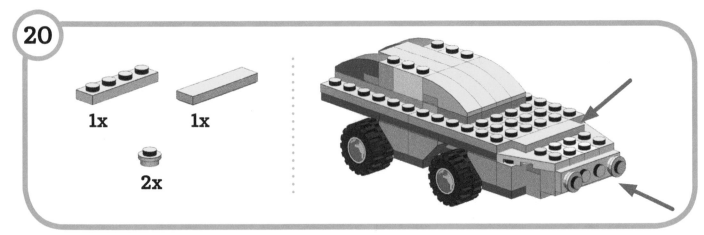

21

1x   1x

2x

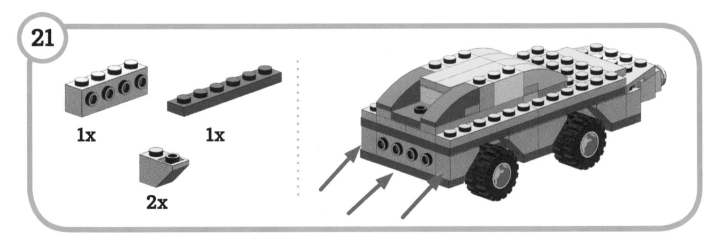

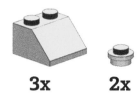

3x   2x

1x   2x

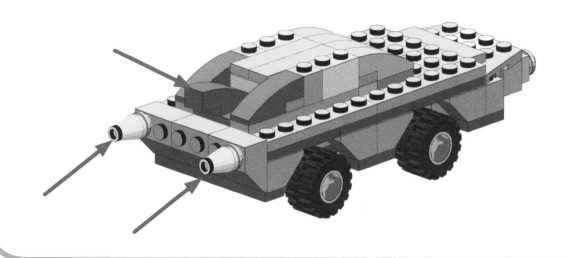

Build Open Flame

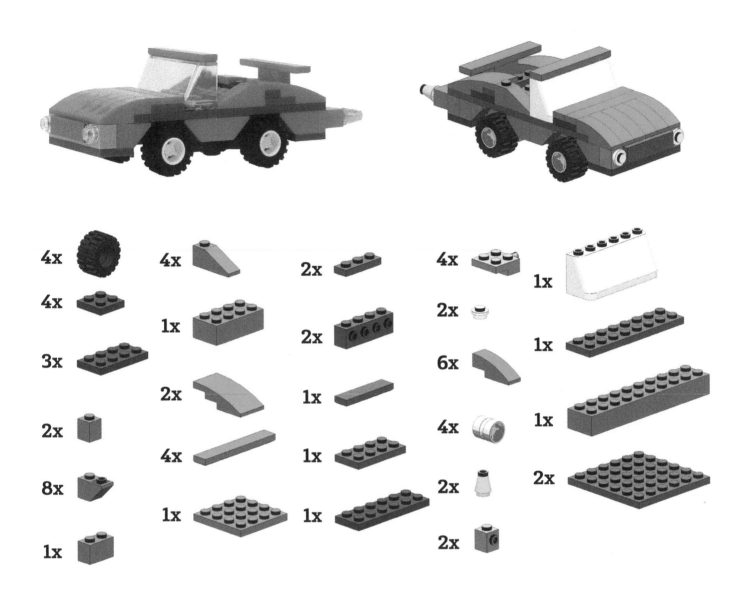

4x
4x
2x
4x
1x

4x
1x
2x
2x
1x

3x
2x
2x
6x
1x

2x
4x
1x
4x
1x

8x
1x
1x
2x
2x

1x
2x

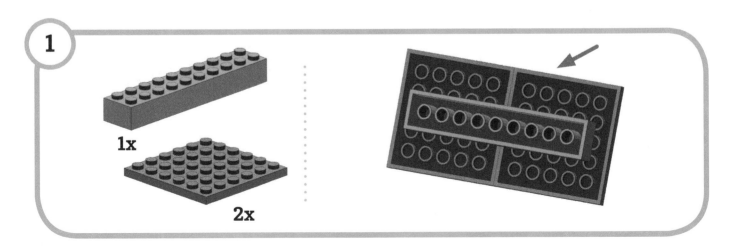

1

1x

2x

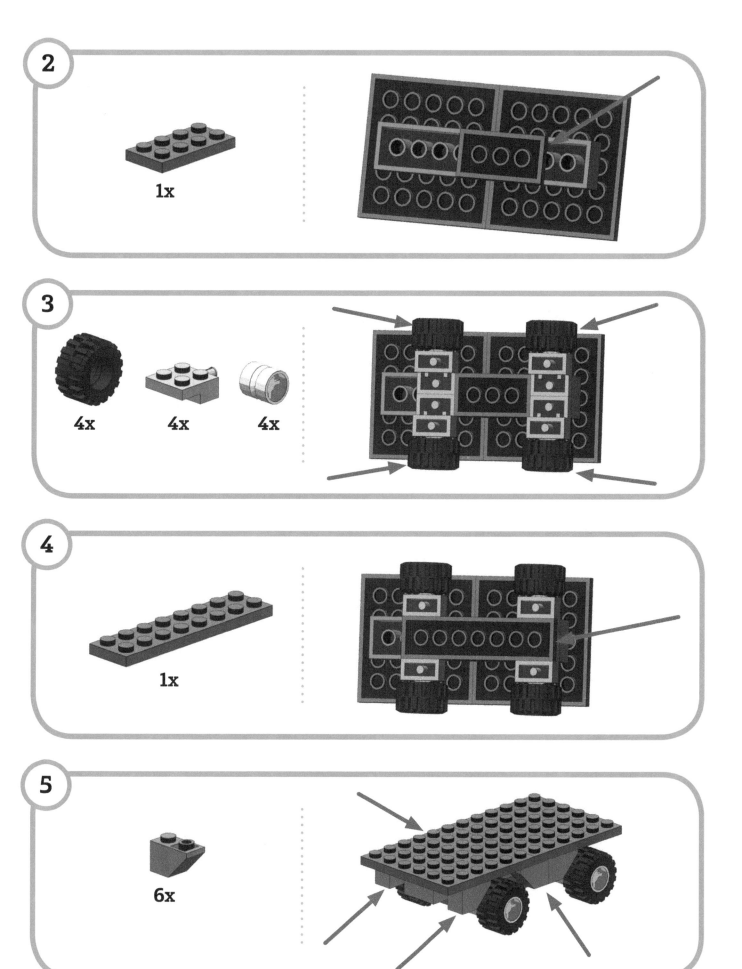

2

1x

3

4x   4x   4x

4

1x

5

6x

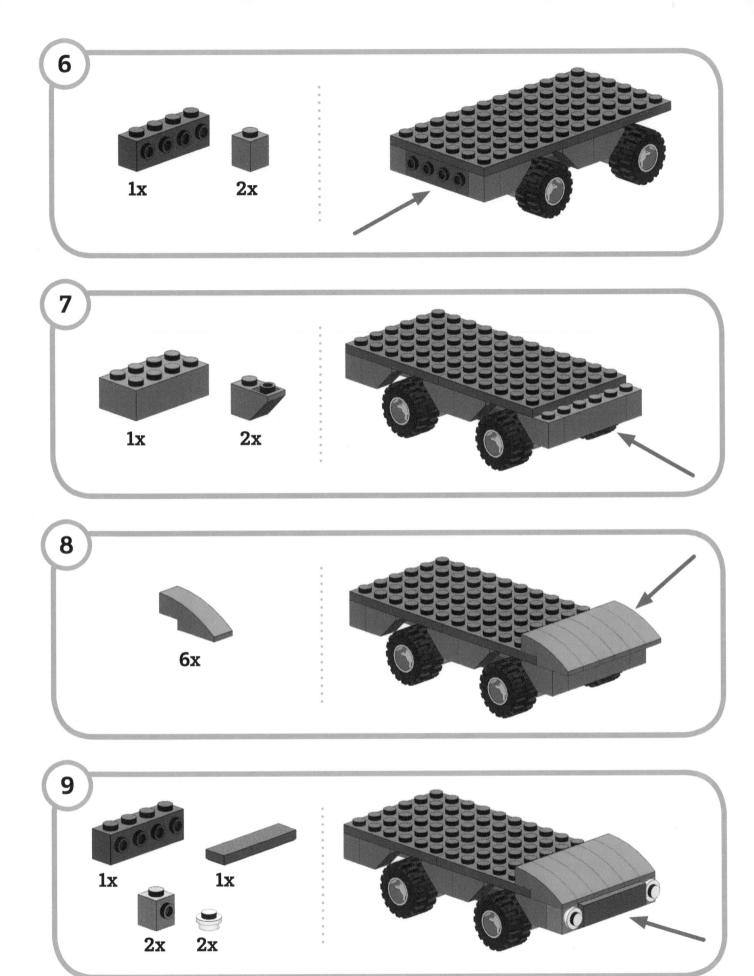

6

1x   2x

7

1x   2x

8

6x

9

1x   1x

2x   2x

10

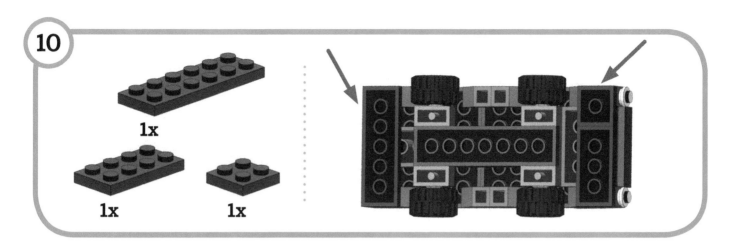

1x

1x   1x

11

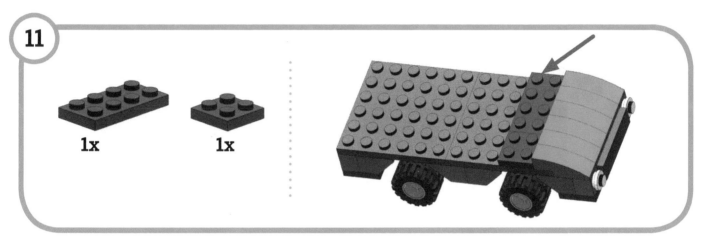

1x   1x

12

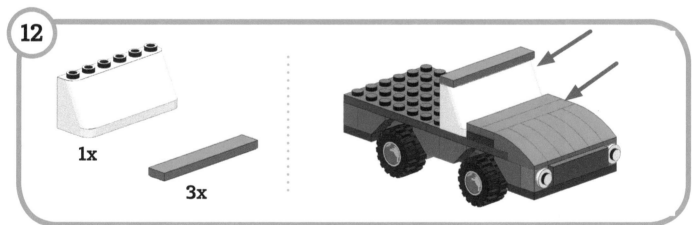

1x

3x

13

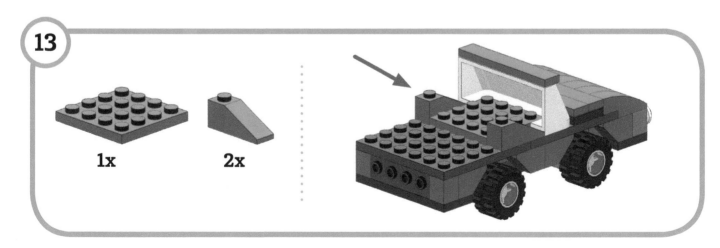

1x   2x

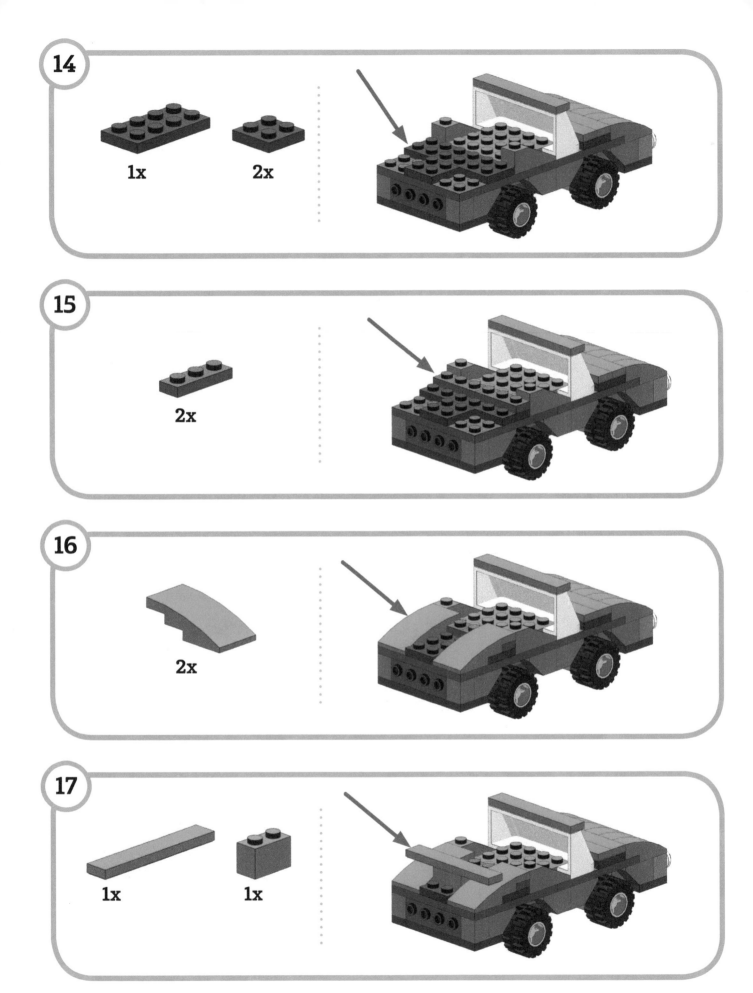

14

1x 2x

15

2x

16

2x

17

1x 1x

2x 2x

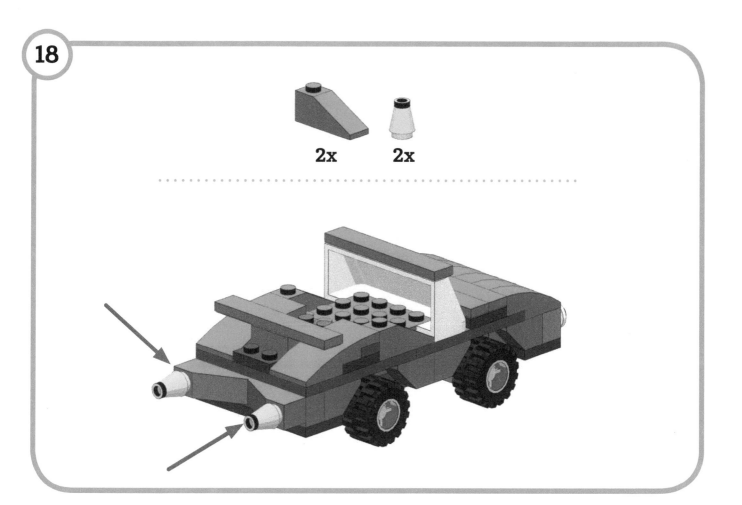

Library of Congress Control Number: 2018945277
ISBN: 9781513261706 (paperback) | 9781513261713 (hardbound) | 9781513261720 (e-book)

Graphic Arts Books

GRAPHIC ARTS
BOOKS®

GraphicArtsBooks.com

GRAPHIC ARTS BOOKS
Publishing Director: Jennifer Newens
Marketing Manager: Angela Zbornik
Editor: Olivia Ngai
Design & Production: Rachel Lopez Metzger

Proudly distributed by Ingram Publisher Services.

The following artists hold copyright to their images as indicated: Stock Cars, pages 6-7: Beresnev;
Formula Cars, pages 30-31, front cover: Andrey Guzev/Shutterstock.com;
Dragsters, pages 48-49, front cover: ONYXprj/Shutterstock.com;
Sports Cars, pages 60-61, back cover: Natsmith1/Shutterstock.com

The author thanks the LDraw community for the parts database it makes available, which is used for making
instructions found in the book. For more information on LDraw, please visit ldraw.org.

Make sure your Build It! library is complete

⭕ Volume 1

⭕ Volume 2

⭕ Volume 3

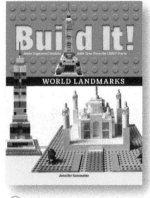
⭕ World Landmarks

⭕ Things that Fly

⭕ Things that Go

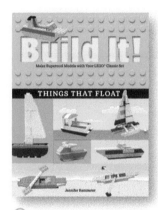
⭕ Things that Float

⭕ Robots

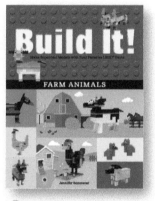
⭕ Farm Animals

⭕ Dinosaurs

⭕ Trains

⭕ Sea Life

⭕ Medieval World

⭕ Race Cars

Visit GraphicArtsBooks.com for more titles in the series

Printed in the USA
CPSIA information can be obtained
at www.ICGtesting.com
JSHW071339260224
58091JS00023B/422